WIDER
DEN
BLANKEN HANS

Der Kampf an der Nordsee
um Land und Leben

Man kann das Gegenwärtige
nicht ohne das Vergangene erkennen.

Johann Wolfgang von Goethe
(1749 - 1832)

Redaktion: Gerhard M. Veh
Vorderseite: Der Blanke Hans, Ölgemälde
              von Hermann Gils (1907–1993)

Wachholtz Verlag 2006

ISBN 3-529-06162-X

INHALTSVERZEICHNIS

VORWORT

Seit Menschengedenken bedroht die stürmische Nordsee, der Blanke Hans, den Lebens- und Wirtschaftsraum an der Küste. Die Bedrohung geht von seltenen, sehr schweren Sturmfluten aus. Sie haben in der Vergangenheit immer wieder zu massiven Deichbrüchen geführt. Die Folgen waren katastrophale Verluste an Menschenleben. Unzählige – weit mehr als 10.000 Menschen kamen bei einzelnen Sturmfluten um. Große Landverluste und ungeheure Verwüstungen mussten hingenommen werden: Dollart, Leybucht und Jadebusen sind das Ergebnis von tiefen Einbrüchen der Nordsee in besiedeltes Land. Vor der heutigen Küste Nordfrieslands haben Sturmfluten die einstige Landmasse in ein Inselreich zerschlagen.

Um ihren Lebensraum zu behaupten, mussten sich die Menschen an der Küste stets gegen die Angriffe des Meeres zur Wehr setzen. Das geschah zunächst durch den Bau von künstlichen Hügeln, auf die sie sich bei Sturmfluten zurückzogen. Der eigentliche Kampf gegen den Blanken Hans setzte vor rund 1.000 Jahren mit dem Bau der ersten Deiche ein. Es sollte ein opfervoller Kampf werden. Erfolge und Rückschläge wechselten sich ab. Vorlandverluste und zwingend notwendige Rückdeichungen verkörperten bittere Niederlagen, die jedoch den Verteidigungswillen der Menschen stärkten und neue Kräfte mobilisierten. Wiedereindeichungen wurden als Triumphe gefeiert. Dieses Wechselspiel führte im Verlauf von Jahrhunderten zu einer Küste, die vom Menschen geprägt ist. Selbstbewusst und nicht ohne Stolz wird an der Küste gern an die lateinische Spruchweisheit erinnert: Deus mare, Friso litora fecit – **Gott schuf das Meer, der Friese die Küste.**

Den ständigen Kampf gegen das Meer konnte ein Einzelner nicht bestehen. Deiche mussten gemeinschaftlich errichtet werden. Sie waren das Ergebnis harter Arbeit mit Spaten und Karre, zu der jeder Eigentümer von Grund und Boden herangezogen wurde. Der Lohn war ein besserer Schutz vor Sturmfluten und fruchtbares Marschenland. Je mühsamer es dem Meer abgerungen werden musste, umso stolzer wurde es in Besitz genommen. Das Bewusstsein, freier Herr auf eigener Scholle zu sein, formte die Geschlechter der Friesen, Dithmarscher und Stedinger. Jeweils auf sich gestellt, trotzten sie dem Blanken Hans. Das gab Selbstvertrauen und lieferte die Grundlage für freie Bauernrepubliken im Mittelalter.

Das Naturgeschehen an der Küste hat sich seitdem nicht geändert. Geändert haben sich jedoch die technischen Möglichkeiten im Küstenschutz. Dort, wo früher hunderte von Arbeitern über Wochen und Monate in schwerer Handarbeit zähen Kleiboden zum Deich aufwarfen, wird die gleiche Leistung heute von einer Hand voll Spezialisten mit Großgeräten in wenigen

Tagen erbracht. Mit diesen modernen Baufahrzeugen, Baggern, Planierraupen und Spülern kann viel erreicht werden. Naturgewalten lassen sich damit aber niemals völlig besiegen!

Geändert hat sich auch, dass die Menschen an der Nordsee nicht mehr allein für den Deichschutz aufkommen müssen. Die Grundinvestitionen übernehmen heute die Bundesrepublik Deutschland und die Küstenländer als Gemeinschaftsaufgabe. Teilweise trägt das Land sogar die Aufwendungen für die Deicherhaltung. Durch diese staatliche Unterstützung konnten in den letzten Jahrzehnten an der Küste Schutzwerke entstehen, die den bislang besten Schutz vor Sturmfluten gewährleisten. Der Kampf gegen das Meer ist damit aber nicht beendet. Selbst ein sehr guter Schutz ist relativ und kann keine absolute Sicherheit bieten. Es bleibt stets ein Restrisiko, zumal an der Nordseeküste auch Tsunamis nicht völlig auszuschließen sind.

Gerade die aktuelle Diskussion um einen möglichen Klimawandel mit stärkeren Stürmen und einem beschleunigten Meeresspiegelanstieg weckt die Sorge um die Wehrfähigkeit der Deiche. Schwere Sturmfluten – als Jahrhundertereignis apostrophiert – werden mit Gewissheit die Küste wieder angreifen. Ungewiss bleibt nur der Zeitpunkt. Der Küstenschutz muss sich hierauf einstellen; er bleibt eine Daueraufgabe.

Dieses Buch versucht, den Gästen an der Nordsee die Notwendigkeit des Küstenschutzes durch Wort und Bild näher zu bringen. Die Schilderung schwerer Sturmfluten vergangener Zeiten soll daran erinnern, welcher Gefahr die Küste stets ausgesetzt war und noch immer ist. Mit der Erläuterung von Küstenschutzbauwerken und ihrer Funktion will das Buch allgemeine Grundinformationen vermitteln und aufzeigen, was für den Küstenschutz gerade in den letzten Jahrzehnten geleistet wurde. In Verbindung mit den zahlreichen Abbildungen, den eingängigen Spruchweisheiten und den teilweise dramatischen Gedichten will das Buch einen Hintergrund skizzieren, vor dem sich die Gefahren und die Rauigkeit der Küste ebenso widerspiegeln wie ihre Schönheit, Faszination und Einzigartigkeit.

Hans-Jürgen Rapsch
Hanz Dieter Niemeyer
Klaas-Heinrich Peters

ALS ES NOCH KEINE DEICHE GAB

Zu Beginn unserer Zeitrechnung nahm der römische Historiker, Schriftsteller und Offizier Plinius der Ältere (23–79 n. Chr.) an einer Erkundungsfahrt der römischen Flotte teil. Ziel war die südliche Nordsee. Plinius d. Ä. nutzte diese Expedition, um die Lebensbedingungen der Chauken zu beobachten. Dieser germanische Stamm, der vorwiegend von der Seefahrt und dem Fischfang lebte, siedelte seinerzeit zwischen Ems und Elbe, war aber bereits in das noch unbedeichte Marschenland an der Nordsee vorgedrungen. Plinius d. Ä. hat uns seine Erkenntnisse über die damaligen Bewohner der Küste wie folgt überliefert [1], [2]:

„Hier überflutet der Ozean zweimal binnen Tag und Nacht in ausgebreiteter Flut einen unermesslichen Landstrich und verursacht einen ewigen Streit in der Natur, so dass man nicht weiß, ob diese Gegend zum festen Lande oder zum Meere gehört. Ein armseliges Volk wohnt dort auf hohen Hügeln oder mit Händen gemachten Erdhaufen, welche die höchste bekannte Flut überragen. Wenn das Wasser die umliegende Gegend bedeckt, sehen die Leute in ihren auf den Hügeln errichteten Häusern wie Schifffahrer aus, und wenn es sich wieder verläuft, scheinen sie Schiffbruch gelitten zu haben und machen Jagd auf die Fische, welche in der Gegend ihrer Hütte mit dem Meere entfliehen wollen. Es ist ihnen nicht vergönnt, Vieh zu halten, sich von Milch zu ernähren, wie ihre Nachbarn; weil hier weit und breit alles Gesträuch gleichsam vertrieben ist, so haben sie nicht einmal Gelegenheit zu jagen. Sie flechten Fäden aus Seegras und Sumpfbinsen, um Netze zu haben, die sie den Fischen entgegenstellen können und trocknen den mit Händen geformten Torf mehr beim Winde als an der Sonne. Damit kochen sie ihre Speise, damit wärmen sie den Leib, wenn die Glieder vor Frost erstarren. Regenwasser, das sie vor ihren Häusern in Gruben aufbewahren, ist ihr einziges Getränk."

Landung der Römer in den Marschen nach einem Gemälde von Otto Knille (1832 – 1898). Quelle: Hermann Allmers-Haus in Rechtenfleth/Weser.

DER „GOLDENE RING"

Die wohl älteste bekannte Marschensiedlung in Deutschland wurde 1971 zufällig in der Wesermarsch westlich von Rodenkirchen gefunden. Sie liegt auf einem ehemaligen Uferrücken und datiert von 900 bis 700 v. Chr.. Kulturgeschichtlich ist sie somit der jüngeren Bronzezeit zuzuordnen [7].

Bemerkenswert ist, dass die Laufffläche der Häuser bis zu 1,1 Meter tiefer liegt als das heutige Normalnull (NN). Danach würde sie bei Tideniedrigwasser lediglich 70 Zentimeter über dem Meeresspiegel liegen und heute bei Tidehochwasser zweimal am Tag von der Flut meterhoch unter Wasser gesetzt werden.

Dass dennoch vor knapp 3.000 Jahren dort Menschen leben konnten, ergibt sich aus dem damals mehrere Meter tiefer liegenden Meeresspiegel. Seit dem Ende der letzten Eiszeit schmelzen auf der ganzen Erde die Gletscher. Die freigesetzten Wassermassen führen zu einem langsamen aber stetigen Anstieg der Weltmeere. Dieser Prozess ist noch nicht abgeschlossen. Auch gegenwärtig steigt der Meeresspiegel der Nordsee weiter an. In den vergangenen 100 Jahren hat sich das mittlere Tidehochwasser um etwa 25 Zentimeter erhöht.

Nach der Bronzezeit wurde die Küstenmarsch von den Menschen mehrfach verlassen und später wieder besiedelt. Die endgültige Besiedlung erfolgte im frühen Mittelalter um 700 n. Chr.. Die damaligen Siedlungen wurden noch nicht durch Deiche geschützt. Soweit die Marschenbewohner gezwungen waren, ihre Wohnplätze und Wirtschaftsgebäude vor den steigenden Fluten der Nordsee zu sichern, errichteten sie künstliche Erdhügel, so genannte Warften, Warfen, Wurten oder Wierden, auf denen sie ihre Häuser gründeten. Im Laufe der Zeit mussten die Warften mehrfach erhöht werden. Ihre Größe reichte von wenigen Ar, also einigen 100 Quadratmetern bei Einzelwarften, bis zu mehreren Hektar bei Sippen- oder Dorfwarften.

Zu den größten Warftensiedlungen an der Nordsee zählt die Hebbel-Stadt Wesselburen in Dithmarschen. Die Warft hat eine Grundfläche von etwa 25 Hektar und erreicht Höhen bis zu fünf Meter über NN. Mit einem Rauminhalt von 440.000 Kubikmetern zählte sie zu den Großbauten ihrer Zeit [4]. Die Kerne der Ortschaften Büsum, Wöhrde und Marne liegen ebenfalls auf alten Großwarften [7].

Die ersten Deiche wurden etwa um 1.000 n. Chr. angelegt. Im Nahbereich der Haus- und Dorfwarften wurden zunächst die wertvollsten Wirtschaftsflächen durch flache, ringförmig angeordnete Dämme geschützt. Vorrangiges Ziel war es, eine Überflutung der Felder durch salziges Meerwasser und Ernteverluste im Sommer zu verhindern. Diese Strategie erwies sich als außerordentlich erfolgreich. So wurden später die flachen Deiche erhöht und verstärkt, um die fruchtbaren Ackerflächen auch ganzjährig vor Sturmfluten zu schützen. Gleichzeitig dienten die Deiche als bevorzugte Fahrwege. Sie waren im Gegensatz zu den Erdwegen in der Marsch, die nach Regenfällen tagelang unpassierbar blieben, schneller wieder befahrbar. So entstanden durch die Deiche feste Verbindungen zwischen einzelnen Warften, später zwischen den Bauerschaften und Kirchspielen. Schließlich, durch die gemeinschaftliche Leistung mehrerer Generationen, war die gesamte Küste durch eine geschlossene Deichlinie geschützt – den **„Goldenen Ring."** Er wurde etwa um das Jahr 1200 fertig gestellt. Erst als diese Deichlinie weiter verstärkt wurde und auch schweren Sturmfluten standhalten konnte, verloren die Warften allmählich ihre Bedeutung. Die Menschen bauten seitdem ihre Häuser immer häufiger zu ebener Erde und verließen sich bei Sturmfluten auf die Standsicherheit ihrer Seedeiche.

Die Initiative für den Deichbau ging im Mittelalter hauptsächlich von Landeigentümern und Bauernschaften aus. Hierbei kam es gelegentlich zwischen ihnen und den Landesherren zu Konflikten. Die Landesherren hatten sich das Anwuchsrecht vorbehalten, das Eigentum an neu entstandenen, anwachsenden Landflächen. Zusätzlich betrieben Deichunternehmen mit dem Einsatz von privatem Kapital Landgewinnung. Im freien Spiel der wirtschaftlichen und gesellschaftlichen Kräfte entstand schließlich eine einzigartige Interessengemeinschaft im Deichwesen: Die Grundbesitzer schlossen sich zu Deichgenossenschaften zusammen, die den Ausbau sowie die Erhaltung der Deichlinie veranlassten und für ihre Mitglieder die Deichpflichten festlegten. Diese wurden als Gewohnheitsrecht zunächst von Generation zu Generation mündlich weitergegeben und später schriftlich festgehalten. Kein Landbesitzer konnte sich von der Deichpflicht ausschließen. Sie bestand darin, dass die Deiche nicht nur zu unterhalten waren und nach Sturmflutschäden ausgebessert werden mussten, sondern dass sie auch gemeinschaftlich verstärkt, erhöht, vor- oder zurückverlegt wurden.

Die Kirchwarft in Witzwort/Halbinsel Eiderstedt.
Foto: H.-J. Rapsch.

An der Spitze der Deichgenossenschaft stand der von den Mitgliedern gewählte Vorstand, die Deichgeschworenen, und an deren Spitze der Deichgraf. Er war im Rahmen der Deichgerichtsbarkeit mit umfangreichen Befugnissen ausgestattet, die ausschließlich das Ziel verfolgten, die Wehrfähigkeit der Seedeiche sicherzustellen. Je nach Landschaft wurde und wird der Deichgraf auch Deichgräfe, Deichrichter oder Oberdeichrichter, Deichhauptmann, Deichvogt oder Schultheiß genannt.

In den derzeitigen Deichgenossenschaften haben sich die Strukturen der mittelalterlichen Bauernrepubliken erhalten. Sie waren gekennzeichnet durch eine verantwortungsvolle Selbstverwaltung, in der die gemeinsame Beratung, Beschlussfassung und anschließende Ausführung im Mittelpunkt stand. Diese innere Geschlossenheit wird deutlich in der Ansprache eines Deichrichters an die beratenden Mitglieder: **„Heute dürft Ihr alle Eure Meinung sagen, morgen müsst Ihr alle meiner Meinung sein."**

Die Kernaufgabe der damaligen Deichgenossenschaften ist auf die heutigen Deichverbände, Deichachten oder Deichbände in Niedersachsen und Schleswig-Holstein übergegangen. Sie sind für die Deicherhaltung zuständig. Die Kosten für den Ausbau der Hauptdeiche werden allerdings von der Bundesrepublik Deutschland und den Küstenländern gemeinsam getragen. In Schleswig-Holstein trägt das Land sogar die Aufwendungen für die Erhaltung der Landesschutzdeiche, die Selbstverwaltung der Deichverbände ist dort auf die zweite Deichlinie begrenzt.

De nich will dieken, mutt wieken.
Wer nicht will deichen, muss weichen.

Volksmund

Dieser Leitspruch entspringt dem hochmittelalterlichen friesischen Spatenrecht. Der Name dieses Rechts leitete sich von dem Werkzeug ab, das damals im Deichbau das wichtigste war: der Spaten. Das Spatenrecht regelte innerhalb einer Deichgenossenschaft die Unterhaltung, Instandsetzung und Erneuerung der Seedeiche. Entsprechend der Größe seines Grundbesitzes hatte jeder Marschenbewohner bei genossenschaftlichen Deichvorhaben seinen anteiligen Beitrag zu leisten und war für den zugewiesenen, genau markierten Deichabschnitt zur Deicherhaltung verpflichtet. Als Grundsätze galten [6]:

- **Kein Land ohne Deich, kein Deich ohne Land.**
- **So viel Land, so viel Deich.**

Die Aufwendungen für die Erhaltung des zugewiesenen Deichabschnitts, häufig als Deichpfand oder Deichkabel bezeichnet, waren enorm. Sie konnten insbesondere bei Missernten oder Viehseuchen die wirtschaftliche Kraft des Deichpflichtigen erheblich strapazieren und sogar überfordern, so dass er seine Deicharbeiten vernachlässigte. Selbst in diesen Fällen hatte das Wohl der Allgemeinheit aufgrund der potenziellen Gefahr eines Deichbruches absoluten Vorrang und nahm auf die Nöte des Einzelnen keine Rücksicht. Kam ein Deichpflichtiger der Erhaltung seines Deichpfandes nicht nach, wurde er vom Deichgrafen abgemahnt und mit einer empfindlichen Geldstrafe belegt. Ferner wurde eine Frist festgesetzt, innerhalb der er die versäumten Arbeiten nachholen musste. Lästerungen gegen die Deichrichter zogen eine Vervierfachung des üblichen Strafmaßes nach sich.

Konnte ein Grundbesitzer seiner Deichpflicht nach dreimaliger Abmahnung letztlich nicht nachkommen, wurde sein Land verspatet: Die unerledigten Instandsetzungsarbeiten an seinem Deichpfand wurden gegen Bezahlung an Dritte vergeben und der Deichpflichtige verlor seinen gesamten Besitz. Er musste weichen. Lediglich die Mitnahme von wenig Hausrat war gestattet, woraus die Redewendung für wirtschaftlich Gescheiterte entstand: „Er musste mit einem weißen Laken davon ziehen."

Zum Zeichen des Besitzverlustes setzten die Deichrichter den Spaten in den Deichabschnitt, den der ehemalige Deichpflichtige nicht unterhalten konnte. Auch die Redensart „im Stich lassen" ist auf diese Sachlage zurückzuführen: Wer den Spaten in die Erde stach, gab seinen Landbesitz auf.

Derjenige, der den Spaten innerhalb von drei Ebbe- und Flutzeiten herauszog, verpflichtete sich zur Übernahme der Deicherhaltung. Er musste die Kosten für die von Dritten durchgeführten Instandsetzungsarbeiten übernehmen und erhielt den Besitz des Vorgängers. War niemand an dem verspateten Land interessiert, wurde ein Spatengericht mit dem Ziel einberufen, einen neuen Grundbesitzer zu finden.

Als besonders streng galt das Stedinger Spatenrecht. Es mutete dem Deichpflichtigen sogar die Wiederherstellung sehr schwerer Deichschäden zu und kannte keine gemeinschaftlichen Hilfeleistungen. Das Stedinger Spatenrecht enthielt die gnadenlose Bestimmung, dass ein Verurteilter lebendigen Leibes in den Deich eingedeicht werden konnte. Ein Protokoll vom 6. April 1566 berichtet über einen derartigen Prozess.

Eine friesische Rechtssatzung aus dem 11. Jahrhundert garantierte bereits den Deichfrieden – Dikfretho. Ähnliche Regelungen enthielten später fast alle Deichordnungen. Danach standen alle Personen, die mit Deichbauarbeiten beschäftigt waren, unter einem besonderen Schutz, der sich auch auf das „Deichgeleit" bezog. So bestimmte die Deichordnung für das Herzogtum Bremen, dass „keiner dem andern, weder in der Arbeit am Deiche, noch in dem Hin- und Abzuge nach und von dem Deiche, mit Worten und Wercken gefehren, schmähen oder schlagen solle, bey Vermeidung harter willkührlicher Strafe."

EBBE – FLUT – STURMFLUT

Erde und Mond bewegen sich gemeinsam um die Sonne, wobei der Mond gleichzeitig die Erde umkreist. Dieser ewige Ablauf wird von Fliehkräften und Anziehungskräften hervorgerufen, die in einem dynamischen Gleichgewicht stehen. Die Kräfte wirken auf alle Teile der Erde ein und rufen in ihren verformbaren Bereichen sichtbare Bewegungen hervor: Das sind die Gezeiten in den Weltmeeren.

Die Gezeiten sind von der Stellung der Erde zu Mond und Sonne abhängig. Dabei hat der Mond – trotz seiner kleineren Masse, aber wegen seiner Nähe zur Erde – eine größere Wirkung als die Sonne. Er bestimmt den Verlauf der Gezeiten oder Tiden. Auf der Seite der Erde, die dem Mond zugewandt ist, ist die Anziehungskraft am stärksten, dort befindet sich ein Flutberg. Die Fliehkraft entfaltet ihre stärkste Wirkung auf der Seite der Erde, die dem Mond abgewandt ist, auch dort bildet sich ein Flutberg. Zwischen diesen beiden Flutbergen sind die Anziehungs- und Fliehkräfte am schwächsten, dort sind zwei Ebbetäler. Da der Mond während eines Mondtages von 24 Stunden und 50 Minuten die Erde einmal umrundet, treten innerhalb dieses Zeitraumes auf der Erde zweimal Tidehochwasser (Thw) und zweimal Tideniedrigwasser (Tnw) auf.

Das Ansteigen des Wasserstandes vom Tnw bis zum folgenden Thw wird als Flut bezeichnet, das Fallen des Wassers vom Thw bis zum folgenden Tnw als Ebbe. Zu Beginn der Flut entwickelt sich der in Küstennähe landwärts gerichtete Flutstrom, das bedeutet auflaufendes Wasser. Der allgemein seewärts gerichtete Ebbstrom – ablaufendes Wasser – setzt mit dem Fallen des Wasserstandes nach Thw ein.

Die Thw und Tnw hervorrufenden Kräfte sind am größten, wenn Sonne und Mond in einer Linie zur Erde stehen. Dann treten so genannte Springtiden auf. Sie haben im Vergleich zu einer Normaltide ein etwas höheres Thw und ein niedrigeres Tnw. Der Höhenunterschied zwischen beiden, der Tidehub, wird größer. Während er an der deutschen Nordseeküste im Mittel etwa zwischen 1,7 Meter bei List auf Sylt und 4,1 Meter in Bremen liegt, wächst er bei Springtiden an diesen Orten auf Werte zwischen 1,9 und 4,4 Meter an. Bilden dagegen Mond und Sonne mit der Erde einen rechten Winkel, ist die gemeinsame Kraftwirkung am schwächsten. Es treten Nipptiden auf, die einen etwa fünf bis sieben Dezimeter geringeren Tidehub als Springtiden haben.

Tidehochwasser und Tideniedrigwasser sind durch den feststehenden Verlauf von Mond und Sonne in ihrer Eintrittszeit und Höhe vorhersehbar. Die vorausberechneten Zeitpunkte werden im Gezeitenkalender für die Deutsche Bucht veröffentlicht. Tatsächlich weichen die wirklichen Zeiten und Höhen gelegentlich von der Vorhersage ab. Ursache dafür ist die Überlagerung der Tide durch die Wirkungen von Wind und Luftdruck. Niedriger Luftdruck erlaubt eine Erhöhung des Wasserspiegels gegenüber benachbarten Bereichen mit höherem Luftdruck. Eine noch stärkere Änderung der Wasserstände entsteht durch die Schubwirkung des Windes auf den Meeresspiegel. Ein auflandig wirkender Wind kann gewaltige Wassermassen vor sich herschieben. Diese stauen sich an der Küste auf und führen dort zu einer Windflut. Ein Sturm verstärkt diesen Effekt. Da besonders starke Stürme regelmäßig im Winterhalbjahr auftreten, entstehen in diesem Zeitraum auch die schwersten Sturmfluten. Sie können den Wasserspiegel an der deutschen Nordseeküste um drei bis vier Meter über das mittlere Tidehochwasser anheben. In Buchten und in den trichterförmigen Mündungen der Tideflüsse ist der Stau noch höher als an der geschlossenen Küste.

Zusätzlich erzeugt der Sturm Seegang. Nördlich der Ostfriesischen Inseln werden bei schweren Stürmen Wellen bis über zehn Meter Höhe entfacht. In der Brandungszone wirken meterhohe Wellen, die in kurzen Abständen aufeinander folgen, auf Strände, Dünen und Deiche ein. Mit den brechenden Wellen werden enorme Kräfte freigesetzt. Sie greifen Deiche und Deckwerke an, können sie beschädigen oder sogar völlig zerstören.

Stürme und Sturmfluten verkörpern Urgewalten. Sie haben seit jeher das Leben der Menschen an der Küste bedroht und gleichzeitig deren trotzigen Widerstand herausgefordert. Zudem sind sie für die Schifffahrt eine nicht zu unterschätzende Gefahr.

Bei der Sturmflut am 31.12.1904 wurde der englische Frachtdampfer „Italia" gegen den Weserdeich bei Bremerhaven getrieben und strandete dort. Quelle: [4].

Nis Randers

Krachen und Heulen und berstende Nacht,
Dunkel und Flammen in rasender Jagd –
Ein Schrei durch die Brandung!

Und brennt der Himmel, so sieht man's gut:
Ein Wrack auf der Sandbank! Noch wiegt es die Flut;
Gleich holt sich's der Abgrund.

Nis Randers lugt – und ohne Hast
Spricht er:„Da hängt noch ein Mann im Mast;
Wir müssen ihn holen."

Da fasst ihn die Mutter:„Du steigst mir nicht ein!
Dich will ich behalten, du bleibst mir allein,
Ich will's, deine Mutter!

Dein Vater ging unter und Momme, mein Sohn,
Drei Jahre verschollen ist Uwe schon,
Mein Uwe, mein Uwe!"

Nis tritt auf die Brücke. Die Mutter ihm nach!
Er weist nach dem Wrack und spricht gemach:
"Und seine Mutter?"

Nun springt er ins Boot und mit ihm noch sechs:
Hohes, hartes Friesengewächs;
Schon sausen die Ruder.

Boot oben, Boot unten, ein Höllentanz!
Nun muss es zerschmettern …! Nein, es blieb ganz!
Wie lange, wie lange?

Mit feurigen Geißeln peitscht das Meer
Die menschenfressenden Rosse daher;
Sie schnauben und schäumen.

Wie hechelnde Hast sie zusammenzwingt!
Eins auf den Nacken des ander'n springt
Mit stampfenden Hufen!

Drei Wetter zusammen! Nun brennt die Welt!
Was da? – Ein Boot, das landwärts hält.
Sie sind es! Sie kommen! –

Und Auge und Ohr ins Dunkel gespannt …
Still – ruft da nicht einer? –
Er schreit's durch die Hand:
"Sagt Mutter, 's ist Uwe!"

Otto Ernst
(1862 – 1926)

Ich bin der alte Aeolus.
Euch Friesen wird noch oft ein Gruß
In Sturm und Drang aus meinem Reiche.
Ich rath Euch drum: Pflegt Eure Deiche.

Hermann Allmers
(1821 - 1902)

Schwere Sturmfluten an der südlichen Nordseeküste [2], [4], [5], [6], [7]

Datum	Name der Sturmflut	Hauptsächlich betroffene Gebiete	Bemerkungen und Zitate
17.02.1164	Erste Julianenflut	Niederlande bis zur Elbe	20.000 Menschen ertranken zwischen Rhein und Elbe. Erste Einbrüche im Jadebusen. „Drei Tage lang quollen die Wasser aus dem Schlund der Hölle hervor."
16.01.1219	Erste Marcellusflut	West- und Ostfriesland	36.000 Menschen verloren ihr Leben.
14.12.1287	Luciaflut	Deutsche Nordseeküste	50.000 Menschen fanden den Tod. Erster Einbruch des Dollarts.
23.11.1334	Clemensflut	Ostfriesland bis zur Weser.	Der Jadebusen wurde nach Süden und Osten erweitert. Zwischen Jade und Weser riss eine fünf Kilometer breite Verbindung auf – die Heete.

Datum	Name der Sturmflut	Hauptsächlich betroffene Gebiete	Bemerkungen und Zitate
16.01.1362	Zweite Marcellusflut Erste oder Große Manndränke	Deutsche Nordseeküste	100.000 Menschen verloren ihr Leben. Dollart, Leybucht, Harlebucht, Jadebusen und Eidermündung wurden vergrößert. Das Marschenland an der Westküste Nordfrieslands wurde in ein Inselreich zerschlagen. Der Hafenort Rungholt ging unter.
09.10.1374	Erste Dionysiusflut	Ostfriesland	Größter Einbruch der Leybucht bis Bargebur bei Norden, Marienhafe und Canhusen bei Emden. Das Kirchspiel Westeel bei Norden ging unter.
09.10.1377	Zweite Dionysiusflut	Ostfriesland	„Die Wogen schlugen an die Mauern des Dominikanerklosters zu Norden."
01.11.1436	Allerheiligenflut	Deutsche Nordseeküste	Landverluste waren gering.
06.01.1470	Dreikönigsflut	Deutsche Nordseeküste	Keine bleibenden Landverluste.
26.09.1509	Kosmas- und Damianflut	Niederlande bis zur Weser	Der Dollart erreichte seine größte Ausdehnung. Durchbruch der Ems bei Emden, das Dorf Folkerswehr ging unter. Letzte Erweiterung des Jadebusens nach Nordwesten. „Die Flut stand eine Tonne über alle Deiche."
17.01.1511	Antoniusflut Große Eisflut	Deutsche Nordseeküste	Eisschollen wurden vom Sturm gegen den Deich geschleudert und zerstörten ihn. Größte Ausdehnung des Jadebusens.
01.11.1532	Dritte Allerheiligenflut	Niederlande bis Dänemark	Mehrere tausend Menschen verloren ihr Leben. Untergang der Orte Osterbur und Ostbense in Ostfriesland. Sturmflutscheitel NN + 4,16 m in Klixbüll/Nordfriesland.

Datum	Name der Sturmflut	Hauptsächlich betroffene Gebiete	Bemerkungen und Zitate
01.11.1570	Vierte Allerheiligenflut	Niederlande bis Eiderstedt	Bis zu 10.000 Menschen ertranken zwischen Ems und Weser. In Ostfriesland erreichte die Sturmflut Walle und Aurich, die Dörfer Oldendorf und Westbense gingen unter. Sturmflutscheitel NN + 4,45 m in Suurhusen bei Emden.
26.02.1625	Fastnachtsflut	Niederlande bis Dänemark	Eine Eisflut. Deichbrüche in Ostfriesland; viele Ausdeichungen an Jade und Weser.
11.10.1634	Burchardiflut Zweite Manndränke	Nordfriesland	13.000 Menschen fanden den Tod, über 50.000 Stück Vieh kamen um. Große Teile der Insel Strand gingen unter. Sturmflutscheitel NN + 4,30 m in Klixbüll/Nordfriesland.
22.02.1651	Petriflut	Niederlande bis zur Weser	Auf Juist und Langeoog wurden die Dünenketten nachhaltig durchbrochen. Deichbrüche am Festland.
12.11.1686	Martinsflut	Niederlande bis zur Elbe	Schwere Deichschäden.
24.12.1717	Weihnachtsflut	Niederlande bis Dänemark	11.500 Menschen verloren ihr Leben, 100.000 Stück Vieh kamen um. Fast 5.000 Gebäude wurden zerstört. Itzendorf bei Norden ging unter. Sturmflutscheitel NN + 4,89 m in Dangast.
31.12.1720	Neujahrsflut	Niederlande bis Nordfriesland	Die nach der Weihnachtsflut von 1717 notdürftig reparierten Deiche wurden insbesondere in Ostfriesland und Butjadingen wieder zerstört.

Datum	Name der Sturmflut	Hauptsächlich betroffene Gebiete	Bemerkungen und Zitate
03.02.1825	Februarflut Halligflut	Niederlande bis Dänemark	800 Menschen ertranken, 45.000 Stück Vieh kamen um. 2.400 Gebäude wurden zerstört. Baltrum wurde in mehrere Teile zerschlagen. Auf den Halligen wurden von 339 Häusern 233 verwüstet, 74 Halligbewohner verloren ihr Leben. Sturmflutscheitel NN + 5,26 m in Dangast.
01.01.1855	Januarflut	Deutsche Nordseeküste	Schwere Zerstörungen auf den Ostfriesischen Inseln. Sturmflutscheitel NN + 4,26 m auf Norderney.
13.03.1906	Märzflut	Ostfriesland	Mit NN + 5,18 m bisher höchster Sturmflutscheitel am Pegel Emden. Sturmflutscheitel NN + 5,35 m in Dangast.
31.01.1953	Hollandflut	Niederlande	Über 2.000 Menschen verloren ihr Leben, 47.000 Stück Vieh kamen um. 67 Deichbrüche. Gesamtschaden: 50 Milliarden Gulden.
16.02.1962	Februarflut Zweite Julianenflut	Deutsche Nordseeküste	340 Menschen ertranken, 315 davon in Hamburg. 75.000 Menschen wurden obdachlos. Über 120 Deichbrüche, davon allein 61 in Niedersachsen. Mit NN + 5,37 m bisher höchster Sturmflutscheitel am Pegel Bremerhaven. Scheitelwasserstand am Pegel Hamburg St. Pauli NN + 5,70 m.

Datum	Name der Sturmflut	Hauptsächlich betroffene Gebiete	Bemerkungen und Zitate
13.11. bis 14.12.1973		Deutsche Nordseeküste	Insgesamt fünf schwere Sturmfluten kurz hintereinander.
03.01.1976	Januarflut	Deutsche Nordseeküste	Bisher höchste Scheitelwasserstände in Dithmarschen und in der Unterelbe. Sturmflutscheitel NN + 5,10 m in Cuxhaven.
24.11.1981	Novemberflut	Nordfriesland	Bisher höchste Scheitelwasserstände in Nordfriesland mit NN + 4,72 m am Pegel Dagebüll.
28.01.1994	Januarflut	Ems bis zur Weser	Bisher höchste Scheitelwasserstände an der Ems mit NN + 4,75 Meter am Pegel Weener sowie an der Weser mit NN + 5,33 Meter am Pegel Vegesack.

Es ist besser, Deiche zu bauen, als darauf
zu hoffen, dass die Flut allmählich Vernunft annimmt.

Volksmund

Die erschreckliche Wasser-Fluth!

RUNGHOLT

Der historisch belegte Hafenort Rungholt in Nordfriesland lag ursprünglich am Heverstrom in der Nähe der heutigen Hallig Südfall. Durch den Handel mit Getreide und kostbarem friesischen Salz, das in einem aufwendigen Verfahren aus salzhaltigem Torf gewonnen wurde, hatte sich Rungholt im 13. Jahrhundert zu einem überörtlichen Zentrum entwickelt und war zu bescheidenem Wohlstand gekommen. Im Jahre 1362 wurde die Siedlung von der Zweiten Marcellusflut, die später den Beinamen Erste Manndränke erhielt, zerschlagen und versank in den Fluten. Diese Naturkatastrophe, von der es keine zeitgenössischen Berichte gibt [3], griff der Dichter Detlev von Liliencron in seiner Ballade „Trutz, Blanke Hans" auf, die er während seiner Amtszeit als Hardesvogt auf der Insel Pellworm im Jahre 1882 verfasste. Als Harde wurde in Schleswig-Holstein früher ein Verwaltungsbezirk von mehreren Dörfern oder Höfen bezeichnet.

Höhenmarke der Allerheiligenflut vom November 1570 an der Kirche in Suurhusen bei Emden. Der Sturmflutscheitel erreichte NN + 4,45 Meter. Foto: H.-J. Rapsch.

„Die erschreckliche Wasser-Fluth." Darstellung einer durch einen Deichbruch überfluteten Stadt. Stich aus dem Buch von E. G. Happel „Die größten Denkwürdigkeiten der Welt" aus dem Jahre 1683. Quelle: [4].

Trutz, Blanke Hans

Heut' bin ich über Rungholt gefahren,
Die Stadt ging unter vor sechshundert Jahren.
Noch schlagen die Wellen da wild und empört,
Wie damals, als sie die Marschen zerstört.
Die Maschine des Dampfers schütterte, stöhnte,
Aus den Wassern rief es unheimlich und höhnte:
        Trutz, Blanke Hans!

Von der Nordsee, der Mordsee, vom Festland geschieden
Liegen die friesischen Inseln im Frieden.
Und Zeugen weltvernichtender Wut,
Taucht Hallig auf Hallig aus fliehender Flut.
Die Möwe zankt schon auf wachsenden Watten,
Der Seehund sonnt sich auf sandigen Platten.
        Trutz, Blanke Hans!

Mitten im Ozean schläft bis zur Stunde
Ein Ungeheuer, tief auf dem Grunde.
Sein Haupt ruht dicht vor Englands Strand,
Die Schwanzflosse spielt bei Brasiliens Sand.
Es zieht, sechs Stunden, den Atem nach innen
Und treibt ihn, sechs Stunden, wieder von hinnen.
        Trutz, Blanke Hans!

Doch einmal in jedem Jahrhundert entlassen
Die Kiemen gewaltige Wassermassen.
Dann holt das Untier tiefer Atem ein
Und peitscht die Wellen und schläft wieder ein.
Viel tausend Menschen im Nordland ertrinken,
Viel reiche Länder und Städte versinken.
        Trutz, Blanke Hans!

Rungholt ist reich und wird immer reicher,
Kein Korn mehr fasst selbst der größte Speicher.
Wie zur Blütezeit im alten Rom
Staut hier alltäglich der Menschenstrom.
Die Sänften tragen Syrer und Mohren,
Mit Goldblech und Flitter in Nasen und Ohren.
        Trutz, Blanke Hans!

Auf allen Märkten, auf allen Gassen
Lärmende Leute, betrunkene Massen.
Sie zieh'n am Abend hinaus auf den Deich:
„Wir trotzen dir, Blanker Hans, Nordseeteich!"
Und wie sie drohend die Fäuste ballen,
Zieht leis' aus dem Schlamm der Krake die Krallen.
        Trutz, Blanke Hans!

Die Wasser ebben, die Vögel ruhen,
Der liebe Gott geht auf leisesten Schuhen,
Der Mond zieht am Himmel gelassen die Bahn,
Belächelt den protzigen Rungholter Wahn.
Von Brasilien glänzt bis zu Norwegens Riffen
Das Meer wie schlafender Stahl, der geschliffen.
        Trutz, Blanke Hans!

Und überall Friede, im Meer, in den Landen.
Plötzlich, wie der Ruf eines Raubtiers in Banden:
Das Scheusal wälzte sich, atmete tief,
Und schloss die Augen wieder und schlief.
Und rauschende, schwarze, langmähnige Wogen
Kommen wie rasende Rosse geflogen.
        Trutz, Blanke Hans!

Ein einziger Schrei - die Stadt ist versunken,
Und Hunderttausende sind ertrunken!
Wo gestern noch Lärm und lustiger Tisch,
Schwamm ander'n Tags der stumme Fisch.
Heut' bin ich über Rungholt gefahren,
Die Stadt ging unter vor sechshundert Jahren.
        Trutz, Blanke Hans!

Detlev von Liliencron
(1844 - 1909)

LANDVERDERBLICHE SÜNDENFLUTEN

Für die religiös geprägte Bevölkerung im Mittelalter waren Sturmflut-Katastrophen, die ganze Landstriche mit ihren blühenden Siedlungen erbarmungslos vernichteten, Strafgerichte Gottes – Sintfluten. Sie sühnten die Freveltaten der gottlosen Menschen, ihren Übermut und ihre Prasserei. Diese Vorstellung hatte sich teilweise bis ins 18. Jahrhundert gehalten.

Den untergegangenen Städten und Dörfern wurde stets großer Reichtum nachgesagt, der seinen Ursprung in der üppigen Fruchtbarkeit der Marsch gegenüber der kargen Geest hatte. Aufgrund dieses Wohlstands, so ist in alten Überlieferungen nachzulesen, trugen Frauen übermäßig viel Schmuck, mit goldenen Hufen beschlagene Pferde gingen vor Pflügen mit silbernen Pflugscharen und Steinhäuser – damals ein Zeichen von Reichtum – waren in der Marsch in Überzahl vorhanden.

Auffällig an den Überlieferungen ist, dass sie für verschiedene Orte in ähnlicher Fassung bekannt sind. Es sind Sagen, die mit tatsächlich eingetretenen Sturmfluten ausgeschmückt und verknüpft wurden. Für das Rüstringer Land, das im Jadebusen lag und in der Antoniusflut des Jahres 1511 unterging, ist folgendes überliefert [8]:

„Wo sich jetzt die Wogen des Jadebusens in unabsehbarer Weite ausdehnen, dort lagen vor vielen hundert Jahren sieben blühende Kirchspiele. Damals war die Jade noch ein so kleines Bächlein, dass man auf einem Brett, darauf man sonst wohl Brote beim Backen zu legen pflegte, hinübergehen konnte. An der Mündung der Jade lag ein Siel, geheißen das Schlicker Siel, das war aus Kupfer gebaut. Darum fühlten sich die Leute hinter ihm gar sicher und glaubten, es könne niemals zerstört werden.

Die Bauern waren freie Herren und hielten ihr eigen Gericht unter dem blauen Himmel. Ihr Land trug Gras und Frucht in Hülle und Fülle und war so fruchtbar und fett, dass die Schuhe vom Klee gelb wurden, wenn man hindurch ging. Hatte ein Mann seinen Spieß im Gras niedergelegt, so war er in einer Nacht mit Klee überwachsen und am anderen Morgen nicht mehr zu sehen. Wenn das Korn ausgedroschen wurde, so gab es nachher mehr Korn als Stroh, und man konnte leichter einen Scheffel mit Korn als mit Stroh füllen.

Eine lange Zeit ging alles gut. Einst saßen die Rüstringer im Wirtshaus und zechten. Da kam ein alter Mann zu ihnen und forderte sie auf, den Grodenanwuchs einzudeichen und sprach: ‚Wollt ihr nicht deichen, so wird allen Fischen ein Wald.‘ Da lachten sie ihn aus und sagten in ihrem Übermut, sie wollten wohl mit Weizen und Roggen deichen. Zuletzt wurden die Rüstringer immer hochmütiger und führten ein gottloses Leben mit Fressen und Saufen nach ihres Landes Art.

Noch schlimmer war es, als das fremde Kriegsvolk ins Land kam und die Kirche besetzte. Während des Gottesdienstes trieben die Landsknechte mit den Mägden vor dem Gotteshause Buhlschaft, und eine der Mägde ging sogar gleich danach zum Abendmahl. Das aber verdross Christus und als der Priester das Sakrament austeilen wollte, verschwand die Hostie in der Patene.

Die Geistlichen waren indes nicht viel besser als das gemeine Volk. Es lag im Rüstringerlande ein großes, reiches Kloster, das dem heiligen Johannes geweiht war. Mit allen seinen Vorwerken und Grashäusern hatte es wohl tausend Stück Vieh, und an Barschaft besaß es mehr als mancher Graf. Der Abt führte einen Fürstentisch und hatte alle seine Mönche, Schreiber und Gesinde stets bei guter Kost. Auch hatte er ein herrliches Einkommen, denn er vergab den Leuten ihre Sünden, wenn sie ihm einen oder zwei Schafböcke brachten. So sie aber mit lediger Hand kamen, konnten sie keine Vergebung erlangen.

Der ganze Konvent war ein Nest voll junger Mönche, die anstatt in strenger Buße in fleischlicher Lust lebten und mehr auf die glatte schöne Köchin als auf die Seelsorge Acht hatten.

Einst wollte ein strenger Mönch die anderen Brüder zurechtweisen, aber er wurde von ihnen mit Hohn ins Gefängnis geworfen und starb heimlich. Danach schickte Gott der Herr verschiedene Warnungszeichen. Es erschienen an vielen Orten des Nachts Schiffe augenscheinlich auf dem Lande, und man vernahm vielmals ein greulich Geschrei wie von Menschen, und mancherlei anderes Getön. Desgleichen erschienen zwei alte Männer mit wahrhaftiger lebendiger Stimme und schrieen: ‚Fliehet, fliehet, denn dieser Ort wird untergehen!' Aber soviel sie auch das Volk vermahnten, sie wurden nur verlacht und für Narren gehalten. Auch andere seltsame Wunder zeigten sich: Eine Frau, die aus dem Backofen glühende Kohlen gezogen hatte, sah plötzlich lebendige Aale aus der Glut kriechen. Ferner sind die großen Fische auf der See und auf dem Lande, in Teichen und Grä-ben haufenweise in die Höhe gesprungen und nach dem Lande mit der Flut gerannt, wie große Kriegsheere. Andere sahen, dass sich Bier in Blut verwandelte, aber niemand achtete der Zeichen.

Endlich brach das Gottesgericht herein, und in der Antoninacht des Jahres 1511 verging ganz Rüstringerland mit den sieben Kirchspielen in den Eisfluten der Jade. Von dem reichen Kloster wurde am nächsten Morgen nichts mehr übrig befunden."

Wasser ist Segen, Wasser ist Not!
Lass uns den Segen, bewahre uns vor der Not!

Volksmund

DIE GROSSE NORDSTRANDER FLUT

In der Nacht vom 11. zum 12. Oktober 1634 erfasste eine sehr schwere Sturmflut, die Burchardiflut, die gesamte Westküste Schleswig-Holsteins. Sie richtete ungeheure Verwüstungen an und über 10.000 Menschen verloren ihr Leben. Als die „Zweite Manndränke" wird sie später in die Annalen eingehen.

Überaus hart traf die Sturmflut die damalige Insel Alt-Nordstrand, die auch einfach nur Strand genannt wurde. Ihre weitgehende Zerstörung wurde in dieser Oktobernacht eingeleitet. Die Burchardiflut wird deshalb auch als Große Nordstrander Flut bezeichnet.

Der Niederländer Jan Adriaans Leeghwater arbeitete damals wie viele seiner Landsleute als Deichbauspezialist für eine holländische Kapitalgesellschaft auf Strand. Als Zeitzeuge erlebte und überlebte er diese Sturmflut. Seine bestürzenden Eindrücke von dieser Naturkatastrophe schilderte er in einem sachlich, sehr nüchtern abgefassten Bericht, dem der folgende Auszug entnommen wurde [1], [2]:

„Im Jahre 1634, als ich im Ostland an der Bottschlotter Bedeichung als Ingenieur und Landmesser angestellt war, hat sich dort am Tage vor Allerheiligen gegen den Abend ein großer Sturm und Unwetter von Südwest her aus der See erhoben. Ich war um sieben oder acht Uhr abends ungefähr zwei Bogenschuss weit von meiner Wohnung zu einem Meister Zimmermann mit Namen Pieter Janß gegangen, der dort eine große neue Schleuse am Deichwerk machte, bei dem ich die Bauleitung und Aufsicht hatte. Als aber der Wind so heftig aufzukommen begann, dass ich geneigt war, in meine Wohnung zu gehen, sagte Pieter Janß zu mir: ‚Meister, bleibt hier zur Nacht in unserm Haus.' ‚Nein, Pieter Janß,' sagte ich, ‚wenn ein Hochwasser käme. Euer Haus steht nur fünf oder sechs Fuß über Maifeld, und meine Wohnung steht auf dem hohen Deich, der elf Fuß über Maifeld ist.' (Anmerkung: Ein preußischer Fuß, der auch in Schleswig-Holstein benutzt wurde, entspricht 31,4 Zentimeter. Maifeld ist ein Landstück, das mit einer Grasnarbe bedeckt ist und gemäht werden kann. Es ist höher liegendes Vorland).

Als ich dann in meine Wohnung zu meinem Sohn Adriaan kam, sind wir in unsern Kleidern zu Bett gegangen. Da begann der Wind aus dem Westen so heftig zu werden, dass kein Schlaf in unsere Augen kam. Als wir ungefähr eine Stunde auf dem Bett gelegen hatten, sagte mein Sohn zu mir: ‚Vater, ich fühle das Wasser auf mein Angesicht tropfen.' Die Meereswogen sprangen also am Seedeich in die Höhe auf das Dach des Hauses. Es war ganz gefährlich anzuhören. So bin ich mit meinem Sohn sehr hastig und verwirrt aufgestanden und wir wandten uns nach dem Herrenhaus, das ungefähr 20 Ruthen von unserer Wohnung war. (Anmerkung: Eine Ruthe entspricht 4,8 Meter). Als wir so unter großer Mühe und Gefahr den Deich entlang gingen, zum Herrenhause, war das Wasser so hoch wie der Kamm des Deiches. Als wir dann ins Herrenhaus kamen, sind dort noch 20 Flüchtlinge, Männer, Frauen und Kinder, angekommen. So waren es im Ganzen 38 Personen, die im Herrenhaus beieinander waren.

Der Wind drehte sich ein wenig nach Nordwesten und wehte platt gegen das Herrenhaus, so hart und steif, wie ich's in meinem Leben nicht gesehen habe. An einer starken Tür, die an der Westseite stand, sprangen die Riegel aus dem Pfosten von den Meereswogen, so dass das Wasser das Feuer auslöschte und so hoch auf den Flur kam, dass es über meine Kniestiefel hinweg lief, ungefähr dreizehn Fuß höher als das Maifeld des alten Landes. Ein Zimmermann unter uns nahm ein Beil und schlug ein großes Loch an der niedrigen Seite des Hauses, damit das Wasser durch dasselbe ablaufen könnte.

Am Nordende des Herrenhauses, welches dicht am Seetief stand, spülte die Erde unter dem Haus weg, ungefähr eine Mannslänge tief. Infolge dessen barst das Haus, die Diele und der Boden auseinander. Es schien nicht anders, als solle das Herrenhaus mit allen, die darin waren, vom Deich abspülen.

Des Morgens, als es Tag geworden war, als wir hörten und vernahmen, wie die Sachen standen, da waren alle Zelte und Hütten weggespült, die auf dem ganzen Werk waren, sechs- oder siebenunddreißig an der Zahl, mit allen Menschen, die darin waren.

Die alten Leute in Holstein bezeugten, dass das Wasser in hundert Jahren nicht einmal bis auf zwei Fuß an diese Höhe herangekommen sei. In alten Seedeichen, die hundert Jahre gelegen hatten, sind viele große tiefe Wehlen eingelaufen, die ich selber gesehen habe. (Anmerkung: Wehlen sind teichähnliche, tiefe Wasserflächen unmittelbar an der Binnenseite eines Deiches, die bei einem Deichbruch vom Wasser gerissen werden).

Da liegt ein trefflich Eiland ungefähr anderthalb Meilen südwestlich von Bottschlott, auf dem drei- oder vierundzwanzig Kirchspielskirchen stehen. Das ist fast alles vom Hochwasser verwüstet, so dass dort nicht mehr als vier oder fünf Kirchen trocken blieben, und wenn ich recht berichtet bin, so sind dort ungefähr sieben- oder achttausend Menschen ertrunken, nebst sieben, acht oder neun Pastoren oder Predigern, die mit ertrunken sind.

Am ersten Tag nach der Sturmflut, als das Wasser etwas gefallen war, bin ich über das Seetief gefahren. Dort hatte sich Jan Walter van der Ryp mit seiner Hausfrau Aegjen Janß und mit ihnen achtzehn Menschen auf einem großen Stapel von Busch und Zweigen gerettet. Sie hatten sechs Pferde bei sich, um durch ihre Schwere den Buschhaufen niederzudrücken. So haben sie ihr Leben behalten.

Als ich dann zum Dörfchen Dagebüll gegangen war, bin ich auch in der Kirche gewesen, wo der Küster mir zeigte, dass das Wasser viertehalb Fuß hoch in der Kirche gestanden hat. Das Volk hatte sich auf dem Kirchboden gerettet, aber des Küsters Haus war vom Kirchhof weggespült.

Die Wohnung von Pieter Janß Zimmermann, wohin ich des Abends gegangen war, war auch weggespült, und die Bewohner, Pieter Janß mit all seinem Gesinde, Frauen und Kindern, die waren des Morgens alle ertrunken, so dass nicht einer davon übergeblieben war. Ja noch mehr. Meine Wohnung, aus der ich des Nachts mit meinem Sohn flüchten musste, war des Morgens auch vom Deich abgespült. Der Keller des Herrenhauses war auch gänzlich zertrümmert.

Große Seeschiffe waren auf dem hohen Deich stehen geblieben, wie ich selber gesehen habe. Mehrere Schiffe standen in Husum auf der hohen Straße. Ich bin auch den Strand allda entlang geritten, da hab ich wunderbarliche Dinge gesehen, viele verschiedene tote Tiere, Balken von Häusern, zertrümmerte Wagen und eine ganze Menge Holz, Heu, Stroh und Stoppeln. Auch habe ich dabei so manche Menschen gesehen, die ertrunken waren. Es sah aus, als ob es eine Sündflut gewesen wäre.

Um nun mein Reden hiermit zu endigen und zu schließen von dieser schrecklichen und traurigen Wasserflut, so danke ich dem allmächtigen Gott, der mich und alle diejenigen, die im Herrenhaus waren, davon erlöst hat."

So weit der Bericht eines Augenzeugen. In einer zeitgenössischen Akte des Schlesiger Staatsarchivs werden die Verluste, die allein für die Insel Strand durch diese Sturmflut verursacht wurden, wie folgt aufgelistet [1]: 6.123 Menschen ertrunken und umgekommen, darunter neun Prediger, zwölf Küster; 1.339 Häuser ganz weggetrieben; 375 Hauswirte oder Landeigner und 58 Kötener behalten; 28 Windmühlen weggetrieben; sechs Glockentürme weggetrieben. An Tieren und lebendiger Habe, als Pferde, Ochsen, Kühe, Schafe und Schweine sind ertrunken mehr und nicht minder über 50.000 Stück.

Nach späteren Erkenntnissen war davon auszugehen, dass in der

Nacht zum 12. Oktober 1634 auf Alt-Nord-strand an 44 Stellen die Deiche brachen, 18 Dörfer im Meer versanken und gut zwei Drittel der Bevölkerung den Tod fanden. Über 22.000 Hektar kultivierten Landes gingen verloren.

Zwar gab es schon bald erste Überlegungen, die untergegangenen Ländereien wieder einzudeichen. Diese Pläne konnten aber nicht umgesetzt werden, weil den wenigen Überlebenden die erforderliche Existenzgrundlage fehlte. Ihre Häuser waren zerstört oder völlig durchnässt, Brennstoffe wie Holz und Torf fortgetrieben, die Felder versalzen, der Hausrat war von der Flut zertrümmert, das Vieh ertrunken und die Wintersaat verdorben. In dieser hoffnungslosen Lage verließen viele Nordstrander ihre Heimat. Daran konnte selbst ein Verbot des Herzogs vom Juli 1635, „aus dem Lande zu fliehen und die Deicharbeit stecken zu lassen," wenig ändern [1].

In den folgenden Jahren verwandelten sich große Teile der ehemaligen Insel in eine Wattlandschaft. Reste von Alt-Strand sind die heute eingedeichten Marscheninseln Pellworm und Nordstrand sowie die Hallig Nordstrandischmoor und die inzwischen landfest gewordene Hamburger Hallig.

Deichbruch, Kupferstich von Winterstein
aus dem Jahre 1661.
Quelle: Staatsarchiv Hamburg
(126-08 = 1661.1)

Auszug aus:

DER SCHIMMELREITER

von Theodor Storm

Endlich, als schon die Pfingstglocken durch das Land läuteten, hatte die Arbeit begonnen: Unablässig fuhren die Sturzkarren von dem Vorlande an die Deichlinie, um den geholten Klei dort abzustürzen, und gleicher Weise war dieselbe Anzahl schon wieder auf der Rückfahrt, um auf dem Vorland neuen aufzuladen; an der Deichlinie selber standen Männer mit Schaufeln und Spaten, um das Abgeworfene an seinen Platz zu bringen und zu ebnen; ungeheure Fuder Stroh wurden angefahren und abgeladen; nicht nur zur Bedeckung des leichteren Materials, wie Sand und lose Erde, dessen man an den Binnenseiten sich bediente, wurde das Stroh benutzt; allmählich wurden einzelne Strecken des Deiches fertig, und die Grassoden, womit man sie belegt hatte, wurden stellenweise zum Schutz gegen die nagenden Wellen mit fester Strohbestickung überzogen. Bestellte Aufseher gingen hin und her, und wenn es stürmte, standen sie mit aufgerissenen Mäulern und schrieen ihre Befehle durch Wind und Wetter; dazwischen ritt der Deichgraf auf seinem Schimmel, den er jetzt ausschließlich in Gebrauch hatte, und das Tier flog mit dem Reiter hin und wider, wenn er rasch und trocken seine Anordnungen machte, wenn er die Arbeiter lobte oder, wie es wohl geschah, einen Faulen oder Ungeschickten ohn' Erbarmen aus der Arbeit wies. „Das hilft nicht!" rief er dann; „um deine Faulheit darf uns nicht der Deich verderben!" Schon von weitem, wenn er unten aus dem Koog heraufkam, hörten sie das Schnauben seines Rosses, und alle Hände fassten fester in die Arbeit: „Frisch zu! Der Schimmelreiter kommt!" …

Zu Ende November, wo Sturm und Regen eingefallen waren, blieb nur noch hart am alten Deich die Schlucht zu schließen, auf deren Grunde an der Nordseite das Meerwasser durch den Priel in den neuen Koog hineinschoss. Zu beiden Seiten standen die Wände des Deiches; der Abgrund zwischen ihnen musste jetzt verschwinden. Ein trocken Sommerwetter hätte die Arbeit wohl erleichtert; aber auch so musste sie getan werden, denn ein aufbrechender Sturm konnte das ganze Werk gefährden. Und Hauke setzte alles daran, um jetzt den Schluss herbeizuführen. Der Regen strömte, der Wind pfiff; aber seine hagere Gestalt auf dem feurigen Schimmel tauchte bald hier, bald dort aus den schwarzen Menschenmassen empor, die oben wie unten an der Nordseite des Deiches neben der Schlucht beschäftigt waren. Jetzt sah man ihn unten bei den Sturzkarren, die schon weither die Kleierde aus dem Vorlande holen mussten, und von denen eben ein gedrängter Haufen bei dem Priele anlangte und seine Last dort abzuwerfen suchte. Durch das Geklatsch des Regens und das Brausen des Windes klangen von Zeit zu Zeit die scharfen Befehlsworte des Deichgrafen, der heute hier allein gebieten wollte; er rief die Karren nach den Nummern vor und wies die Drängenden zurück; ein „Halt!" scholl von seinem Munde, dann ruhte unten die Arbeit; „Stroh, ein Fuder Stroh hinab!" rief er denen droben zu, und von einem der oben haltenden Fuder stürzte es auf den nassen Klei hinunter. Unten sprangen Männer dazwischen und zerrten es auseinander und schrieen nach oben, sie nur nicht zu begraben. Und wieder kamen neue Karren, und Hauke war schon wieder oben und sah von seinem Schimmel in die Schlucht hinab, und wie sie dort schaufelten und stürzten; dann warf er seine Augen nach dem Haff hinaus. Es wehte scharf, und er sah, wie mehr und mehr der Wassersaum am Deich hinaufklimmte und wie die Wellen sich noch höher hoben; er sah auch, wie die Leute trieften und kaum atmen konnten in der schweren Arbeit vor dem Winde, der ihnen die Luft am Munde abschnitt, und vor dem kalten Regen, der sie überströmte. „Ausgehalten, Leute! Ausgehalten!" schrie er zu ihnen hinab. „Nur einen Fuß noch höher; dann ist's genug für diese Flut!" Und durch alles Getöse des Wetters hörte man das Geräusch der Arbeiter; das Klatschen der hineingestürzten Kleimassen, das Rasseln der Karren und das Rauschen des von oben hinab gelassenen Strohes ging unaufhaltsam vorwärts; dazwischen war mitunter das Winseln eines kleinen gelben Hundes laut geworden, der frierend und wie verloren zwischen Menschen und Fuhrwerken herumgestoßen wurde; plötzlich aber scholl ein jammervoller Schrei des kleinen Tieres von unten aus der Schlucht herauf. Hauke blickte hinab; er hatte es von oben hinunterschleudern sehen; eine jähe Zornröte stieg ihm ins Gesicht. „Halt! Haltet ein!" schrie er zu den Karren hinunter; denn der nasse Klei wurde unaufhaltsam aufgeschüttet.

„Warum?" schrie eine raue Stimme von unten herauf; „doch um die elende Hundekreatur nicht?"

„Halt! Sag' ich," schrie Hauke wieder; „bringt mir den Hund! Bei unserm Werke soll kein Frevel sein!"

Aber es rührte sich keine Hand; nur ein paar Spaten zähen Kleis flogen noch neben das schreiende Tier. Da gab er seinem Schimmel die Sporen, dass das Tier einen Schrei ausstieß, und stürmte den Deich hinab, und alles wich vor ihm zurück. „Den Hund!" schrie er; „ich will den Hund!"

Eine Hand schlug sanft auf seine Schulter, als wäre es die Hand des alten Jewe Manners; doch als er sich umsah, war es nur ein Freund des Alten. „Nehmt Euch in Acht, Deichgraf!" raunte der ihm zu. „Ihr habt nicht Freunde unter diesen Leuten; lasst es mit dem Hunde gehen!"

Der Wind pfiff, der Regen klatschte; die Leute hatten die Spaten in den Grund gesteckt, einige sie fortgeworfen. Hauke neigte sich zu dem Alten: „Wollt Ihr meinen Schimmel halten, Harke Jens?" frug

er; und als jener noch kaum den Zügel in der Hand hatte, war Hauke schon in die Kluft gesprungen und hielt das kleine winselnde Tier in seinem Arm; und fast im selben Augenblicke saß er auch wieder hoch im Sattel und sprengte auf den Deich zurück. Seine Augen flogen über die Männer, die bei den Wagen standen. „Wer war es?" rief er. „Wer hat die Kreatur hinab geworfen?"

Einen Augenblick schwieg alles, denn aus dem hageren Gesicht des Deichgrafen sprühte der Zorn, und sie hatten abergläubige Furcht vor ihm. Da trat von einem Fuhrwerk ein stiernackiger Kerl vor ihn hin. „Ich tat es nicht, Deichgraf," sagte er und biss von einer Rolle Kautabak ein Endchen ab, das er sich erst ruhig in den Mund schob; „aber der es tat, hat recht getan, soll Euer Deich sich halten, so muss was Lebiges hinein!"

„Was Lebiges? Aus welchem Katechismus hast du das gelernt?"

„Aus keinem, Herr!" entgegnete der Kerl, und aus seiner Kehle stieß ein freches Lachen; „das haben unsere Großväter schon gewusst, die sich mit Euch im Christentum wohl messen durften! Ein Kind ist besser noch! Wenn das nicht da ist, tut's auch wohl ein Hund!"

„Schweig' Du mit Deinen Heidenlehren," schrie ihn Haucke an, „es stopfte besser, wenn man Dich hineinwürfe."

„Oho!" erscholl es; aus einem Dutzend Kehlen war der Laut gekommen, und der Deichgraf gewahrte ringsum grimmige Gesichter und geballte Fäuste; er sah wohl, dass das keine Freunde waren; der Gedanke an seinen Deich überfiel ihn wie ein Schrecken; was sollte werden, wenn jetzt alle ihren Spaten hinwürfen? - Und als er nun den Blick nach unten richtete, sah er wieder den Freund des alten Jewe Manners; der ging dort zwischen den Arbeitern, sprach zu dem und jenem, lachte hier einem zu, klopfte dort mit freundlichem Gesicht einem auf die Schulter, und einer nach dem andern fasste wieder seinen Spaten; noch einige Augenblicke, und die Arbeit war wieder in vollem Gange. - Was wollte er denn noch? Der Priel musste geschlossen werden, und den Hund barg er sicher genug in den Falten seines Mantels. Mit plötzlichem Entschluss wandte er seinen

Schimmel gegen den nächsten Wagen: „Stroh an die Kante!" rief er herrisch, und wie mechanisch gehorchte ihm der Fuhrknecht; bald rauschte es hinab in die Tiefe, und von allen Seiten regte es sich aufs Neue und mit allen Armen.

Eine Stunde war noch so gearbeitet; es war nach sechs Uhr, und schon brach tiefe Dämmerung herein; der Regen hatte aufgehört, da rief Hauke die Aufseher an sein Pferd: „Morgen früh vier Uhr," sagte er, „ist alles wieder auf dem Platz; der Mond wird noch am Himmel sein; da machen wir mit Gott den Schluss! Und dann noch eines!" rief er, als sie gehen wollten: „Kennt ihr den Hund?" Und er nahm das zitternde Tier aus seinem Mantel.

Sie verneinten das; nur einer sagte: „Der hat sich tagelang schon im Dorf herumgebettelt; der gehört gar keinem!"

„Dann ist er mein!" entgegnete der Deichgraf. „Vergesset nicht: morgen früh vier Uhr!" und ritt davon.

Mit großer Sicherheit hat das Leben und Werk des Deichrichters Albert Brahms (1692 – 1758) aus Sande bei Wilhelmshaven die Vorlage für Theodor Storms „Schimmelreiter" geliefert. Brahms war Landwirt und musste durch die Weihnachtsflut 1717 selbst große Verluste hinnehmen. Er wehrte sich dagegen, Sturmflutkatastrophen als Strafgerichte Gottes anzusehen. Albert Brahms befasste sich wissenschaftlich mit Tidewasserständen, Sturmfluten und dem Deichbau. In seinem richtungsweisenden Fachbuch **„Anfangs-Gründe der Deich- und Wasser-Baukunst"** legte er seine Naturbeobachtungen, Erfahrungen und Gedanken nieder. Sie sind noch heute gültig. Albert Brahms gilt als Begründer des auf physikalischen Erkenntnissen beruhenden Küsteningenieurwesens in Deutschland.

Kein Deich - kein Land - kein Leben !

Albert Brahms
(1692 - 1758)

Der Bau von Deichen bedeutete in früheren Jahrhunderten, als das Baumaterial noch mit dem Spaten gewonnen und in Handkarren zur Einbaustelle transportiert werden musste, körperliche Schwerstarbeit von Sonnenaufgang bis Sonnenuntergang. Ein Arbeitstag hatte zwölf bis vierzehn Stunden. Gearbeitet wurde an allen sechs Werktagen der Woche, vielfach noch halbtags am Sonntag. Deicharbeiter, die auch aus benachbarten Gebieten angeworben wurden, mussten in primitiven Hütten wohnen und auf einer Lage Stroh übernachten. Wiederholt haben sie wegen unzureichender Entlohnung, Verpflegung und Unterbringung gestreikt; sie haben „Lavay" gemacht. In einigen Fällen endete der mit einem geringen Zuschlag zum Akkordlohn, gelegentlich aber auch mit dem Einsatz von Soldaten, die eine Fortsetzung der Arbeiten erzwangen.

An die körperlichen Höchstleistungen unserer Vorfahren im Deichbau, die heute nicht mehr nachvollziehbar sind, erinnert die rechts abgebildete Figurengruppe. Sie wurde vom Bildhauer Frijo Müller-Belecke geschaffen und am Elbedeich in Otterndorf aufgestellt. Foto: H.-J. Rapsch.

Wassernot

Es fliegen die Möwen in Schwärmen zum Land,
Es hat sich der Wind nach Nordwesten gewandt;
Stürmt es noch stärker, dann geht es nicht gut,
Neumond im Kalender und - bald wird es Flut.
Ha! schon naht sie, zu früh setzt sie ein,
Nun mag der Allmächtige gnädig uns sein!
O Gott! wie sie rollt, wie sie schwillt und sich streckt,
Und jetzt, jetzt erreicht sie des Deiches Fuß
Und sendet hinüber den schäumenden Gruß,
Es brechen die Wogen sich donnernd am Deich:
Sie wollen zurück in ihr altes Reich,
Daraus sie so siegreich verdrängt und verbannt,
Zurück in das prächtige Marschenland.
Sie spritzen voll Wut ihren Schaum hinein,
Fahl blitzt es am Himmel mit Wetterschein,

Und plötzlich - und jede Wange wird bleich:
‚Hilf, heiliger Gott! Dort will brechen der Deich!
Wie wühlt es, wie spült es! Auf! Alle herbei!
Und helft und legt Hand an und lasst das Geschrei!
Schafft Bretter zur Stelle und Balken schwer
Und das Reisigbund und den Sandsack her,
Und fehlt's, hinauf, was tut's, mit dem eig'nen Leib
Werft Euch hinein, es gilt Kind ja und Weib!
O Jesus, zu spät! Da schießt sie hervor,
Die schlammige Flut, aus dem klaffenden Tor.
So flieht denn und bergt euer Weib, euer Kind,
Mit der besten Habe aufs Dach geschwind;
Die Herde, die mögt ihr den Wogen geben.
Rettet nur, rettet das eig'ne Leben!'
Allmächtiger Himmel, so habe doch Erbarmen! -
Da bricht auch das Haus schon. Ja, wehe euch Armen!

Hermann Allmers
(1821 - 1902)

DEICHE

Die ersten Seedeiche waren niedrige, etwa einen Meter hohe Erdwälle mit sehr steilen Böschungen zu beiden Seiten. Eine einheitliche Gestaltung der Deichprofile gab es nicht. Es gab keine Bauvorschriften und keine gelernten Deichbaumeister. Die Ansichten über den Deichbau wechselten von Landschaft zu Landschaft, gelegentlich sogar von Kirchspiel zu Kirchspiel.

Das älteste, konkret überlieferte Deichprofil stammt aus dem Jahr 1244 [7]. Es bezieht sich auf einen Deich auf der Insel Wülpen in Flandern, die später untergegangen ist. Dieser Deich hatte bereits eine Basisbreite von etwa zehn Meter. Er war knapp drei Meter hoch und die Deichböschungen hatten Neigungen von 1:2 auf der Wasserseite sowie 1:1 auf der Luft- oder Landseite.

Die Linienführung der Deiche folgte der Küstenlinie oder dem Verlauf der natürlichen Gewässer. Insbesondere war sie davon abhängig, ob in unmittelbarer Nähe der Trasse geeignetes Deichbaumaterial in ausreichender Menge zur Verfügung stand. Als Baustoff kam seit jeher nur der schwere Marschboden in Frage, der an der Küste als Klei ansteht. Schon unsere Vorfahren unterschieden zwischen fettem Klei mit einem hohen Tonanteil und magerem Klei. Der magere Klei wurde in den Deichkern eingebaut, während für die erosionsgefährdeten Deichböschungen ein möglichst fetter Klei verwandt wurde.

Kurze Transportwege waren beim Deichbau besonders wichtig, weil damals eine Anlieferung des schweren Baustoffs über größere Entfernungen nicht möglich war. Es fehlten leistungsfähige Fahrzeuge und feste Verkehrswege. Soweit es irgend möglich war, wurde der Klei in unmittelbarer Nähe aus dem Vorland gewonnen. Die Entnahmestellen, die an der Küste als Pütten oder Saarteiche bezeichnet werden, verlandeten innerhalb weniger Jahrzehnte und es entstand wieder neuer Kleiboden. Der fertig profilierte Deich wurde umgehend mit Grassoden angedeckt, um seine Widerstandsfähigkeit gegen die Angriffe der bevorstehenden Sturmfluten im Herbst und Winter zu verbessern. Häufig standen geeignete und ausreichende Flächen für die Sodengewinnung nicht zur Verfügung. Grassoden waren deshalb stets Mangelware und besonders wertvoll. Wer früher gestochene Soden verderben ließ, wurde nach dem alten friesischen Deichrecht hart bestraft.

Nach Möglichkeit sollten Seedeiche ein breites und hohes Vorland haben. Die Intensität der Seegangsbelastung wird dadurch bei leichten aber häufiger auftretenden Sturmfluten gemindert. Darüber hinaus verhindert ein hohes Vorland den völligen Durchbruch eines Deiches, bei dem jede normale Tide das Hinterland überflutet. Und schließlich können im Deichvorland salzverträgliche Grassoden gewonnen werden.

Ist kein Deichvorland vorhanden, wird von einem schar liegenden Deich oder einem Schardeich gesprochen. Sein Fuß wird bei Tidehochwasser vom Meer ständig umspült, so dass er durch Wellen und Strömungen besonders gefährdet ist. Eine Sicherung mit Natursteinen, die als Rohstoff in der Marsch nicht vorkommen, schied früher aus. Es fehlten ohnehin die finanziellen Mittel sowie die Transportmöglichkeiten über weite Strecken. Der Fuß schar liegender Deichen wurde deshalb durch so genannte Stacks geschützt. Das waren senkrechte Wände aus Holzpfählen und Bohlen. Östlich der Weser werden diese Deiche als Stackdeiche bezeichnet, westlich der Weser sind sie als Holzungen oder Holzdeiche bekannt.

beitsintensiven Verfahren bestickt. Hierbei wurde eine etwa drei Zentimeter starke Lage aus Langstroh auf der zu schützenden Deichfläche ausgebreitet und mit aus Stroh gefertigten Seilen im Deich befestigt. Die Strohseile wurden mit einer Sticknadel in den Deichkörper gedrückt, pro Quadratmeter waren etwa 50 bis 70 Stiche erforderlich [7]. Der Strohbestick musste jährlich erneuert werden. Um für diese Arbeiten genügend Material zur Verfügung zu haben, wurde die Ausfuhr von Stroh aus der Marsch häufig verboten. Heute ist der Strohbestick nur noch ausnahmsweise im Schadensfall gebräuchlich.

Die im mittelalterlichen Deichbau eingesetzten Geräte entsprachen den in der Landwirtschaft gebräuchlichen Arbeitsgeräten. Hierzu hieß es im alten friesischen Landrecht: **„Zur See hin sollen wir Friesen unser Land schützen mit drei Geräten, mit dem Spaten, mit der Tragbahre und mit der Gabel."** Für den Transport größerer Materialmengen wurden gewöhnliche Bauernwagen und Schubkarren eingesetzt. Ausgelegte Holzbohlen dienten im Vorland und auf den Deichböschungen als Fahrwege für die Schubkarren.

Ab dem 16. Jahrhundert wurde der bäuerlich geprägte Deichbau vom handwerklichen Deichbau abgelöst. Es setzten sich allmählich neue, technisch ausgereiftere Arbeitsverfahren durch. Mit ihnen wurde es möglich, die großen Meereseinbrüche zu verkleinern und die Nordsee im Verlauf von Jahrzehnten schrittweise wieder zurückzudrängen; die Landgewinne waren größer als die

Das abgebildete Modell eines Stack- oder Holzdeiches ist im Nordfriesischen Museum Husum aus Originalfunden aufgebaut worden. Die mit Bohlen hinterlegte Pfahlreihe wird durch hölzerne Zuganker stabilisiert, die tief in den dahinter liegenden Deichkörper einbinden. Quelle: Nordfriesisches Museum Husum.

Erwies es sich als notwendig, die seeseitige Böschung eines stark beanspruchten Deiches stärker zu befestigen, wurde aus Kostengründen ebenfalls auf einheimisches Material, nämlich auf Stroh zurückgegriffen und die gefährdete Deichstrecke in einem ar-

Landverluste. Von Pferden gezogene Sturzkarren, so genannte Wüppen, erhöhten die
Leistung beim Materialtransport. Es entstand der Beruf des Deichbaumeisters, der
auch technisch schwierige Vorhaben wie
die Durchdeichung von Prielen erfolgreich
ausführen konnte. Hierdurch ließ sich die
Deichlinie wesentlich verkürzen.

Im 18. Jahrhundert erlaubte das inzwischen
weiter ausgebaute Straßennetz den Einsatz
fremder und besserer Baustoffe: Auf der Insel Föhr wurde erstmalig ein Steindeckwerk
zur Sicherung des Deichfußes ausgeführt.

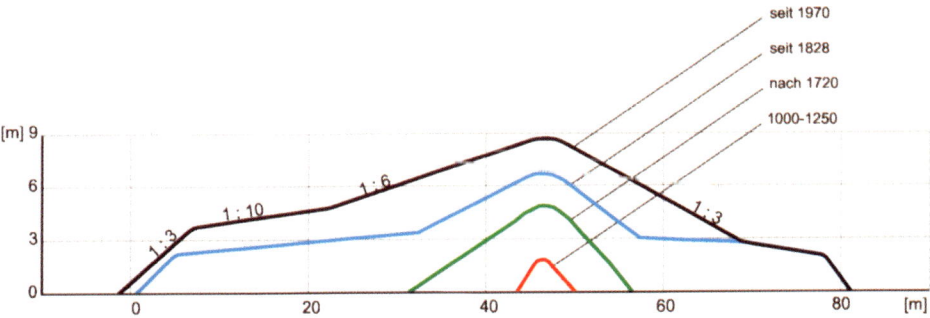

*Entwicklung der Deichprofile. Quelle: NLWKN – Forschungsstelle
Küste/Norderney.*

Mit der Veröffentlichung seines Fachbuches über die Deich- und
Wasserbaukunst begründete der Deichrichter Albert Brahms
das Küsteningenieurwesen in Deutschland. Dreirädrige Erd-
wüppen lösten die einachsigen Sturzkarren ab, so dass sich die
Transportleistung für Deichbaumaterial abermals erhöhte.

Gegen Ende des 19. Jahrhunderts wurden im Deichbau Loren
eingesetzt, die auf Feldgleisen liefen. Sie wurden anfangs von
Dampflokomotiven gezogen, die Jahrzehnte später durch Die-
sellokomotiven abgelöst wurden. Lediglich die Verteilung des
schweren Bodens mit der Schaufel durch die Deicharbeiter ver-
blieb zunächst als körperlich anstrengende Tätigkeit. Doch zu
Beginn des 20. Jahrhunderts übernahmen erste Planierraupen
auch diese Arbeit. Ab 1970 setzten sich auf den Deichbaustellen
Hydraulikbagger durch und geländegängige Lastkraftwagen verdrängten die Schienen gebundenen Loren.

Im Laufe der Geschichte sind die Deichquerschnitte immer größer geworden. Der bereits erwähnte Deich auf der Insel Wülgen
hatte einen Querschnitt von etwa fünfzehn Quadratmeter, ein
um 1955 gebauter Seedeich besaß bereits rund 150 Quadratmeter und heute sind es um 450 Quadratmeter. Ursächlich für den
drastisch gestiegenen Materialbedarf sind die höheren Deiche,
die flacheren Böschungsneigungen sowie die erhöhten Rand-
streifen oder Bermen am Fuß der Deichböschung.

Moderne Hauptdeiche erhalten heute als Kern einen Stützkörper
aus Sand. Das Material wird im Wattenmeer oder in den großen
Flüssen gewonnen und mit Spülbaggern in den Deichkern eingebracht. Anschließend werden die Deichböschungen mit Planierraupen profiliert und mit einer etwa zwei Meter mächtigen
Kleischicht abgedeckt. Luftseitig gehört zu jedem Hauptdeich
ein Verteidigungsweg und der Entwässerungsgraben.

Gegen die Wasserseite des Deiches werden durch höhere Wasserstände zum Teil beachtliche Mengen abgestorbener Pflanzen-
reste geschwemmt und dort abgelegt. Hierbei handelt es sich um
so genanntes Treibsel, an der Küste auch Teek genannt. Es ist
im Sommerhalbjahr im Deichvorland aufgewachsen. Im Herbst

Mannshoch sind stellenweise die mächtigen Teekanlandungen. Je Meter Deichlänge können es bis zu zehn Kubikmeter sein. Die Räumung und Abfuhr des Teeks verursachen hohe Unterhaltungskosten. Foto: NLWKN – Norden.

Deiches stark herabgesetzt. Seine unverzügliche Räumung nach Sturmfluten mit hohem Teekanfall ist deshalb ein Gebot der Deichsicherheit. Teilweise muss die Räumung mit leistungsfähigen Baugeräten durchgeführt werden. Damit die schweren Fahrzeuge auf den durchnässten Deichen keine Schäden anrichten, sind auf der Wasserseite des Deiches so genannte Treibselräumwege unentbehrlich.

Anstatt der früher üblichen Besodung werden die Deiche heute eingesät. Ihre Grasnarbe muss dicht, fest, zusammenhängend und regenerationsfähig sein, außerdem kurzwüchsig, widerstandsfähig und salzverträglich. Weil diese Anforderungen nicht allein von einer einzigen Grassorte erfüllt werden können, ist auf die Auswahl der richtigen Saatgutmischung zu achten. Obwohl der fertige Deich schließlich wie eine schräge, grüne Wiese aussieht und mit landwirtschaftlichen Methoden unterhalten wird, handelt es sich bei ihm um ein ausgeklügeltes Ingenieurbauwerk.

Der wehrfähige Zustand der Hauptdeiche wird ständig kontrolliert. Für eine etwa zehn Kilometer lange Deichstrecke führt ein Deichgeschworener die Aufsicht. Er überprüft regelmäßig den Zustand des Deiches und informiert den Deichverband über notwendige Unterhaltungsmaßnahmen. Zusätzlich werden seit jeher im Frühjahr sowie im Herbst Deichschauen durchgeführt. Hierbei prüft eine Kommission aus Deichverband und Aufsichtsbehörde die Ordnungsmäßigkeit der Deiche einschließlich ihrer Anlagen.

und Winter wird es von Sturmfluten aufgenommen und durch auflandige Winde an den Deich getrieben. Unter dieser mächtigen, mit Zivilisationsmüll durchsetzten Ablagerung beginnt die Grasnarbe eines Deiches nach wenigen Tagen abzusterben und erstickt schließlich. Hierdurch wird die Wehrfähigkeit des

Im Frühjahr wird der Deich hauptsächlich daraufhin geschaut, ob im Winterhalbjahr durch Sturmfluten Schäden eingetreten sind, die umgehend beseitigt werden müssen. Gleichzeitig wird der Befall von Wühltieren wie Mäusen, Maulwürfen oder Kaninchen geprüft. Auch Füchse legen ihre Baue gelegentlich in Deichen an. Diese Tiere stellen durch die von ihnen angelegten unterirdischen Gänge eine hohe Gefährdung der Deichsicherheit dar und müssen aus diesem Grunde regelmäßig bekämpft werden.

Bei der Deichschau im Herbst wird die Wehrfähigkeit des Deiches für den bevorstehenden Winter begutachtet. Befindet sich der Deich in einem ordnungsgemäßen Zustand, wird er von der Deichschau-Kommission für schaufrei erklärt. Werden wider Erwarten Schwachstellen am Deich oder seinen Anlagen aufgedeckt, kann die Kommission deren umgehende Beseitigung oder eine intensive Überwachung für die folgenden Monate anordnen.

Grasende Schafe an der Luftseite des Hauptdeiches. Im Vordergrund der Deichverteidigungsweg. Foto: H.-J. Rapsch.

DECKWERKE

Am Fuß schar liegender Deiche sind häufig Schutzwerke aus geschütteten oder gesetzten Steinen anzutreffen. Hierbei handelt es sich um Deckwerke. Ihre Aufgabe besteht darin, eine Erosion der abgedeckten Flächen durch Wellenschlag und Strömung zu verhindern.

Die Abbildung zeigt ein Deckwerk aus Basaltsäulen am Fuß einer Randdüne. In den Fugen der Steine hat sich Flugsand angesammelt. Foto: H.-J. Rapsch.

Ein Deckwerk aus Natursteinen am Deichfuß. Die Hohlräume zwischen den einzelnen Steinen sind mit Zementmörtel ausgegossen. Hierdurch werden die Steine fest miteinander verklammert. Foto: H.-J. Rapsch.

Deckwerke werden auch zum Schutz von Uferböschungen und Stränden oberhalb der Uferlinie eingesetzt. Das hohe Gewicht der Steine, ihre Festigkeit und die Rauhigkeit der Oberfläche bieten ideale Voraussetzungen, um Sturmtiden dauerhaft zu widerstehen.

Die Gestalt der Deckwerke hat sich im Laufe der Zeit gewandelt. Erste Konstruktionen wie das Norderneyer S-Profil hatten geschwungene, wenn auch recht steile Formen. Um die Wende zum 20. Jahrhundert entstanden senkrechte, Wellen abweisende Bauwerke. Nach Sturmfluten zeigten sie jedoch häufig größere Schäden oder waren teilweise sogar völlig zerstört. Auf Grund dieser negativen Erfahrungen werden seit den 1930er Jahren nur noch Deckwerke mit flachen Böschungen gebaut. Auf ihnen können die Wellen überwiegend ausbranden, ohne das bedeutsame Belastungsspitzen oder Reflexionen entstehen. Gleichwohl sind Deckwerke extrem hohen Beanspruchungen ausgesetzt.

BUHNEN UND LAHNUNGEN

Im Küstenschutz werden etwa ab der Mitte des 19. Jahrhunderts Buhnen angelegt. Ihre Aufgabe ist es, im tieferen Wasser die Tideströmung abzuschwächen und im flachen Wasser sowie auf Stränden die Brandungsströmung zu unterdrücken. Sandige Küsten können so vor Erosionen geschützt werden.

Die ersten Buhnen waren einfache Konstruktionen aus Holzpfählen, Buschwerk und Steinen, die senkrecht zum Ufer in das Meer vorgebaut wurden. Vor allem für die Stabilisierung der Ostfriesischen und Nordfriesischen Inseln sind Buhnen von großer Bedeutung, weshalb sie dort besonders häufig anzutreffen sind. Durch über 32 Buhnen wird allein der Westkopf der Insel Norderney festgelegt. Teilweise erstrecken sie sich bis zu 370 Meter in das Meer hinaus und reichen dabei in Wassertiefen von bis zu 23 Meter hinunter.

Buhnen werden heute in unterschiedlichen Formen und aus verschiedenartigen Baustoffen ausgeführt. Üblich sind massive Kastenbuhnen aus schweren Natursteinen mit stützenden Wänden aus Stahl-, Beton- oder Holzpfählen.

Eine ähnlich wichtige Rolle wie Buhnen spielen im Küstenschutz Lahnungen. Bei ihnen handelt es sich um niedrige, buhnenartige Linienbauwerke, die im Watt angelegt werden. Lahnungen beruhigen Wellen und Strömungen, so dass sich die im Meerwasser enthaltenen Schwebteile als Schlick absetzen können. Lahnungen fördern insofern den natürlichen Anwachs von neuem Vorland.

Die sehr häufig anzutreffenden Buschlahnungen bestehen aus zwei parallelen Pfahlreihen. Sie werden im Abstand von etwa 50 Zentimeter gerammt. Zwischen den Pfahlreihen werden Faschinen, das sind mit Draht zusammengebundene Reisigbündel,

Die Abbildung zeigt eine schwere Steinbuhne im Westen der Hallig Hooge. Foto: H.-J. Rapsch.

eingebracht und fest verschnürt. Steinlahnungen werden aus Natursteinen geschüttet oder aus Betonfertigteilen hergestellt. Durch Lahnungen können im Abbruch liegende Vorlandkanten wirkungsvoll geschützt werden. Sie erzwingen ein frühzeitiges Brechen der Wellen und verringern oder verhindern so einen weiteren Abbruch. Bei schar liegenden Deichen stabilisieren Lahnungen das Watt. Sie unterbinden im Watt die Annäherung von Wasserläufen, den so genannten Prielen, an den Deichfuß

Eine Buschlahnung wird im Watt hergestellt. Foto: NLWKN – Norden.

und verhindern damit die Gefahr, dass ein Deichfuß freigelegt oder sogar unterspült wird.

Lahnungen werden vielfach zu rechteckigen, etwa 200 mal 300 Meter großen Lahnungsfeldern angeordnet. Zur Seeseite bleiben diese Felder teilweise offen. An diesen Öffnungen treten infolge der hydraulischen Verengung erhöhte Strömungsgeschwindigkeiten auf, so dass mit jeder Tide viele Schwebstoffe in das Lahnungsfeld eingetragen werden. Im Feld selbst nehmen die Strömungsgeschwindigkeiten wieder ab und die im Meerwasser mitgeführten Schwebstoffe sinken auf den Grund. Der sich absetzende Schlick besteht aus schluffigen Sanden und feinsten Ton- und Kalkteilchen, die mit organischen Bestandteilen aus abgestorbenen Tier- und Pflanzenresten durchsetzt sind. In besonders günstigen Fällen können sich jährlich bis zu zehn Zentimeter Schlick absetzen, aus dem nach mehreren Jahren oder Jahrzehnten der fruchtbare Kleiboden der Marsch entsteht.

Eine Buschlahnung zeigt Wirkung.
Die Wasserfläche auf der rechten Seite der Lahnung
ist wesentlich ruhiger als auf der linken.
Foto: F. Thorenz.

LANDGEWINNUNG

Die Leybucht war ebenso wie andere größere Buchten in Niedersachsen oder Schleswig-Holstein durch wiederholte Meereseinbrüche entstanden. Ihre größte Ausdehnung erreichte sie nach der Dionysiusflut im Oktober 1374. Das Kirchspiel Westeel fiel dieser Sturmflut zum Opfer. In den mittelalterlichen Überlieferungen wird auch in diesem Fall von einer Sündenflut, einem Strafgericht Gottes für das ausschweifende und frevelhafte Leben der Westeeler Bürger berichtet.

Die Leybucht erstreckte sich damals im Norden bis zur gleichnamigen Stadt Norden und im Süden bis auf Sichtweite an die Stadt Emden. Im Osten reichte sie bis Marienhafe. Den kleinen Hafen dieses Ortes unmittelbar neben der mächtigen Kirche nutzten die Seeräuber um Klaus Störtebeker Ende des 14. Jahrhunderts als Unterschlupf. Mit Billigung der ostfriesischen Häuptlinge aus dem Hause tom Brook lagerten sie ihre Beute im Turm der Kirche.

Das Entstehen derart großer Buchten wurde dadurch begünstigt, dass große Moorflächen bei Sturmfluten aufschwammen und dem Seegang wenig Widerstand boten. Bei Normaltiden aber bestand zwischen den Kräften von Flut und Ebbe ein Ungleichgewicht; die Tideströmung und insbesondere der Seegang wurden in den ausgedehnten Buchten so weit abgeschwächt, dass sich die mitgeführten Sedimente absetzten und in den folgenden Ebbephasen nicht mehr ausgeräumt werden konnten. Im Laufe der Jahrhunderte verlandeten die Buchten langsam wieder. Die Küstenbewohner unterstützten diese Entwicklung durch den Bau von Lahnungen, die den natürlichen Verlandungsprozess beschleunigten.

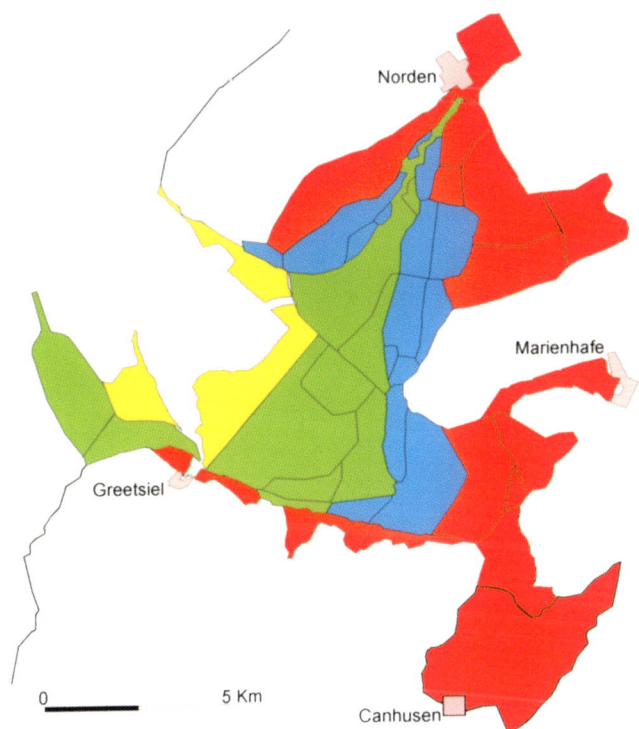

Verlandung und Einpolderung der Leybucht. Die rot angelegten Flächen wurden bis zum Ende des 16. Jahrhunderts wieder eingedeicht, die blauen im 17./18. Jahrhundert und die grünen im 19./20. Jahrhundert. Bei den gelb hinterlegten Flächen handelt es sich um Salzwiesen. Quelle: NLWKN – Forschungsstelle Küste/Norderney.

Die Abbildung zeigt eine Durchfahrt in der zweiten Deichlinie. Deichdurchfahrten werden an der Küste Deichschart, Deichgat oder Stöpe genannt. Jedes Deichschart kann im Bedarfsfall geschlossen werden. Dazu sind senkrechte Aussparungen in der Betonwand vorgesehen, in die Dammbalken eingesetzt werden. Gelegentlich besitzen Deichscharts auch Stemmtore als Verschlussvorrichtung. Foto: H.-J. Rapsch.

In Jahrzehnten wuchs so das Vorland langsam über die normale Fluthöhe hinaus und wurde schließlich deichreif. Nun konnte ein neuer Seedeich ringförmig um das Neuland gelegt werden. Der bisherige Seedeich rückte damit in die zweite Verteidigungslinie; bei wiederholten Vordeichungen wurde er zum Schlafdeich. Im Verlauf von Jahrhunderten wurden so dem Meer Polder um Polder abgerungen. Je nach Landschaft werden die bedeichten Flächen unterschiedlich bezeichnet: In Schleswig-Holstein heißen sie Koog, im Jade-Weser-Raum sind es Groden.

Die letzte große Landgewinnung in der Leybucht wurde 1950 abgeschlossen. Die gewonnenen Ländereien wurden als Bauernstellen an Heimatvertriebene aus den deutschen Ostgebieten und an Einheimische vergeben. Eine weitere Bedeichung fand danach nicht mehr statt. Die Zielsetzung hatte sich geändert. Im Vordergrund stand jetzt die Entwicklung von weiträumigen Naturschutzgebieten im Deichvorland sowie die Erhaltung des malerischen Fischerhafens Greetsiel. Das Ergebnis dieser Planung war der Bau der künstlichen Halbinsel Leyhörn als Speicherbecken mit einem neuen Entwässerungssiel und einer Seeschleuse. Ähnlich wie die Leybucht sind auch andere Meereseinbrüche an der deutschen Nordseeküste teilweise oder sogar ganz wieder eingedeicht worden. In Niedersachsen sind auf diese Weise die Accumer Bucht und die Harlebucht heute völlig verschwunden. Dollart und Jadebusen sind nur deshalb erhalten geblieben, weil sie als Spülwasserbecken für den Erhalt der tiefen Fahrwasser an Ems und Jade unverzichtbar waren.

Ebenfalls wurde in Schleswig-Holstein beharrlich an der Wiedergewinnung von verlorenem Land gearbeitet, das bei Sturmfluten untergegangen war. Beispiele hierfür sind in Dithmarschen die Meldorfer Bucht sowie die Ortschaft Büsum, die noch Ende des 16. Jahrhunderts auf einer im Abbruch liegenden Insel lag. Die letzte Vordeichung in Schleswig-Holstein wurde 1988 in der Nordstrander Bucht abgeschlossen. Auch bei dieser Maßnahme stand nicht mehr die Landgewinnung im Vordergrund, sondern wasserbauliche Gesichtspunkte, um die Erosion des Wattbodens vor den Landesschutzdeichen zu verringern. Das eingedeichte Land dient seitdem als Naturschutzgebiet.

Der malerische Fischerhafen
Greetsiel in Ostfriesland.
Foto: H.-J. Rapsch.

WEIHNACHTSFLUT 1717

Die größte Katastrophenflut im 18. Jahrhundert war die Weihnachtsflut vom 24. Dezember 1717. Sie wütete an der Nordseeküste zwischen Dänemark und den Niederlanden und riss etwa 11.500 Menschen in den nassen Tod [4].

Zu ihrer Zeit galt die Weihnachtsflut als eine der schwersten, auf einer zeitgenössischen Landkarte wurde sie als „jämerliche Wasser-Flutt" bezeichnet. Vielfach wurde sie mit der Großen Manndränke aus dem Jahr 1362 verglichen, deren Schrecken selbst nach über 350 Jahren noch nicht in Vergessenheit geraten waren. In den Folgejahren wurde in Predigten alljährlich an die Weihnachtsflut erinnert und die Überlebenden wurden zur Buße ermahnt.

Die Weihnachtsflut überraschte viele Menschen im Schlaf. Kaum bekleidet und ohne Vorräte an Trinkwasser und Lebensmitteln konnten sie sich vielfach nur in letzter Minute auf ihre Hausdächer retten. Doch auch dort waren sie nicht endgültig in Sicherheit. Teilweise zertrümmerte die Sturmflut die Häuser, andere schwammen auf und wurden von der Strömung fortgerissen.

Der Pastor Johann Friedrich Jansen aus dem jeverländischen Neuende, ein Zeitgenosse von Albert Brahms, zeichnete viele Einzelschicksale auf, die sich 1717 in der Weihnachtsnacht vollzogen. Hierzu zählt auch das folgende [9]:

„Ein Mann namens Brunke Gerdes aus dem jeverländischen Kirchspiel Minsen hat sein Leben auf eine jammervolle Weise eingebüßt.

Dieser war ein Zimmermann und geht um 11 Uhr nachts bei Minsen zum Deich, um das dort lose auf dem Deich liegende Holz zu retten. Kaum ist er aber mit noch drei anderen seines Handwerks dorthin gekommen, so ist das Wasser schon so hoch, dass sie über Hals und Kopf über alle Gräben nach Hause eilen müssen. Die anderen bleiben in einem Haus nicht weit vom Deich, und obgleich Brunke Gerdes die Gefahr vor Augen geführt wird, wenn er weitergehe, so geht er doch nach Hause und kommt auch mit knapper Not dorthin. Doch als er gerade angekommen ist, wird sein ganzes Haus samt Frau und Kindern fortgerissen. Er aber ergreift einen Weidenbaum beim Haus, an dem er sich festhält. Obwohl er von seinem Nachbarn, der auf seinem Dachboden sitzt und ihn beten hört, gerufen wird, zu ihm zu kommen, so meint er doch sicherer zu sein, wenn er unten beim Baum bliebe, weil das andere Haus auch fortgespült werden könnte. Er aber glaubt sich so lange am Baum halten zu können, bis das Wasser wieder gefallen ist. Da aber das Hochwasser noch bis in den Morgen anhält, so unterkühlt er schließlich derart, dass er bei Tagesanbruch los lassen muss und unter lautem Gebet vom Wasser mitgerissen wird. Wie kläglich das Ende dieses armen Mannes gewesen sein muss, kann sich jeder leicht vorstellen, da er nicht nur zusehen musste, wie seine Frau und seine Kinder umkamen, sondern auch noch über fünf Stunden so gestanden hat, dass das Wasser mal über seinen Kopf hinweg ging, dann wieder nicht – so lange, bis er endlich vor Kälte und Erschöpfung seinen Geist aufgegeben hat."

DIE FRIESISCHEN INSELN

Entlang der Friesischen Küste zieht sich von Den Helder in den Niederlanden bis auf die Höhe von Ribe in Dänemark die Kette der Friesischen Inseln. Unterteilt werden sie in die drei Gruppen der West-, Ost- und Nordfriesischen Inseln.

Vor der deutschen Küste liegen die Ostfriesischen Inseln und der größere Teil der Nordfriesischen. Die Inseln beider Gruppen sind sehr unterschiedlich. Während die Ostfriesischen Inseln im Verhältnis zu ihrer Länge ausgesprochen schmal sind, fehlt dieses Merkmal bei den Nordfriesischen. Ursache sind die unterschiedlichen Entstehungsprozesse.

Die Ostfriesischen Inseln sind vor etwa 2.000 Jahren durch die Dynamik der See und durch Sandwehen entstanden. Zunächst wurden durch Strömung und Brandung mächtige Sandbänke aufgeworfen, so genannte Platen. Diese wuchsen im Laufe der Zeit weiter auf und erreichten schließlich den Hochwasserscheitel. Bei Niedrigwasser fielen große Teile der Platen trocken und der Wind sorgte für den weiteren Transport des Sandes. Es bildeten sich meterhohe Dünenketten und später die heutigen Düneninseln mit einem schmalen, nach Süden vorgelagerten Marschwiesengürtel.

Dünenpflanzen spielten in der Entwicklungsphase der Inseln eine wichtige Rolle. Sie brachen den Wind und verursachten dadurch verstärkte Ablagerungen von Flugsand. Sobald der Salzgehalt im Bodenwasser der Dünen durch Niederschläge ausgedünnt war und unter zwei Prozent fiel – im Meerwasser liegt er bei 3,2 Prozent – konnten sich Pionierpflanzen wie Strandquecke und Meersenf ansiedeln. Später, wenn der Salzgehalt unter ein Prozent gefallen war, folgten Strandhafer und Stranddistel, Sand- und Rotschwingel, die Nachtkerze und das Dünenveil-

Buschzäune auf Langeoog fangen den vom Wind transportierten Sand ein und legen ihn fest. So können neue Dünen entstehen und im Abbruch liegende Randdünen gesichert werden. Foto: F. Thorenz

chen. Der Strandhafer – oder wie er auch genannt wird: der Schmale Helm – gilt wegen seines stark verzweigten Wurzelsystems als Dünenbildner.

Starke Sandwehen haben das Leben auf den Düneninseln noch im 18. Jahrhundert häufig belastet. Von Spiekeroog ist bekannt, dass kräftige Westwinde den Dünensand in das Inseldorf wehten und vor den Haustüren über einen Meter hoch ablager-

Bepflanzung einer Randdüne mit Strandhafer auf Langeoog.
Foto: NLWKN – Norden.

ten. Durch offene Kamine und Fensterfugen drang der Flugsand in das Innere der Häuser und war zum Leidwesen der Bewohner regelmäßig in der Küche sowie in Töpfen und Pfannen zu finden [6]. 1868 verabschiedete die Gemeinde Spiekeroog eine Ortssatzung, die jeden Erwachsenen verpflichtete, an sieben Tagen im Jahr Strandhafer zu pflanzen. Ähnliche Maßnahmen zeigten später auf allen Düneninseln nachhaltige Erfolge. Gegenwärtig sind die Schutzdünen lagestabil und haben bei Sturmfluten die Hauptlast der Verteidigung zu tragen.

Im Gegensatz zu den Ostfriesischen sind die Nordfriesischen Inseln Reste des untergegangenen Festlands. Die Zerschlagung des ehemaligen, von zahlreichen Prielen durchzogenen Marschen-landes setzte mit der Marcellusflut im Jahre 1362 ein. Die Nordfriesischen Inseln Pellworm und Nordstrand sowie die Halligen bestehen vollständig aus Marschenland. Dagegen besitzen Sylt, Föhr und Amrum einen eiszeitlichen Geestkern, auf dem sich teilweise auch weitläufige Dünenbereiche entwickelt haben. Der Geestkern von Sylt überragt den Meeresspiegel bis zu 27 Meter. Der Geestkern von Amrum liegt achtzehn Meter über dem Meer, wird aber von der höchsten Düne noch um neun Meter übertroffen [7].

Bei Sturmfluten sind die Westseiten aller Inseln den ständigen Angriffen der Nordsee besonders stark ausgesetzt. Hier wurden und werden die Strände abgetragen, das Material nach Osten ver-driftet und dort wieder angelagert. Im Verlauf von Jahrzehnten und Jahrhunderten führt das zu einer Verlagerung der Inseln; sie scheinen zu wandern.

Die ersten Siedlungen auf den Inseln bestanden nur aus wenigen Häusern. Sofern sie durch Landverluste nicht mehr sturmflut-sicher waren, wurden sie aufgegeben und in einem geschützten Bereich wieder neu aufgebaut. Diese Verlegung ganzer Dörfer ist seit der Mitte des 19. Jahrhunderts nicht mehr möglich. Die Bausubstanz der Inseldörfer ist durch ihre rasante Entwicklung zu modernen Seebädern zu wertvoll geworden. Seitdem werden an den Stränden schwere Strandmauern, Deckwerke und Buhnen errichtet, um den Sockel der Insel zu stabilisieren.

Bereits 1857 entstand auf Norderney das erste massive Küsten-schutzbauwerk aus Sandsteinquadern. Drei Jahre später folgten dort die ersten Buhnenbauten. Auf Sylt wurden die ersten Buhnen 1867 angelegt. Heute befinden sich auf den deutschen Nordseeinseln insgesamt mehr als 300 Buhnen und über 37 Kilometer Dünenschutzwerke [7]. Hierzu zählen auch am Strand aufgesetzte Wälle aus Tetrapoden. Diese vierfüßigen Formsteine wurden ursprünglich als Wellenbrecher für Häfen entwickelt. Sie sollen als mächtiger Strandwall bei höher auflaufenden

Die Vogelschutzinsel Memmert befindet sich noch in einem frühen Entwicklungsstadium; es gibt sie etwa seit 1800. Durch Dünenabbrüche im Westen und großflächige Anwächse im Osten wandert sie langsam ostwärts. Stehen geblieben ist das stählerne Pfahlfundament für die ehemalige Unterkunft des Inselvogtes, das heute vom Meer umspült wird. Foto: H.-J. Rapsch.

Strandwall aus Tetrapoden auf der Insel Sylt. Foto: Amt für ländliche Räume Husum.

ein wirkungsvoller Schutz geboten werden. Gleichwohl können Materialverluste an den Stränden nicht vollständig verhindert werden. Die Strategie des Inselschutzes musste deshalb in den letzten Jahrzehnten weiter entwickelt werden.

Um die Mitte des letzten Jahrhunderts wurde es technisch und wirtschaftlich möglich, die Erosionsverluste auf den Inseln durch künstliche Strandaufspülungen auszugleichen. Mit Hilfe von Spülbaggern wurde Kies und Sand aus Gebieten entnommen, in denen es größere Vorkommen gab, und durch Rohrleitungen über teilweise längere Strecken auf die von der See ausgeräumten Strände gepumpt. Dieses Verfahren wurde in Europa erstmals auf Norderney angewandt. In den Jahren 1951/52 wurde dort ein sechs Kilometer langer Strandabschnitt mit rund 1,25 Millionen Kubikmetern Sand aufgehöht. Über fünfzehn Jahre lang hielt diese Vorspülung den Angriffen der Nordsee stand und entsprach den Erwartungen, anschließend musste sie wiederholt werden.

Wind- und Sturmfluten die Energie des Seegangs abbauen, um so die landseitigen, besonders erosionsgefährdeten Dünen zu schützen.

Alle bislang ausgeführten Bauvorhaben zum Inselschutz haben die ihnen zugedachten Funktionen generell erfüllt, selbst wenn sie den hohen Erwartungen nicht immer entsprechen konnten. Entscheidend ist aber, dass die Strandlinie seitdem im Großen und Ganzen lagebeständig ist. Dem Hinterland konnte dadurch

Auf Sylt fand die erste Strandaufspülung 1972 statt. Dafür wurden aus dem östlich gelegenen Watt rund eine Million Kubikmeter Sand mit einem Saugbagger entnommen. Über eine acht Kilometer lange Rohrleitung, die mit drei Zwischenpumpwerken ausgerüstet werden musste, wurde das Sand-Wasser-Gemisch bis zur Stadt Westerland gefördert. Dort wurde am Strand eine Sandbuhne aufgespült, die bis 1979 die gewünschte Wirkung zeigte. Danach mussten die eingetretenen Materialverluste mehrfach ergänzt werden.

Alle Strandauffüllungen sind als Verschleißkörper anzusehen.

Sie verlieren jährlich einen Teil ihrer Masse. Auf Norderney sind es rund 100.000 Kubikmeter im Jahresdurchschnitt, auf Sylt können es je nach Sturmfluthäufigkeit und -intensität deutlich mehr werden. Jede Strandauffüllung wird also im Lauf der Jahre von der See langsam aufgezehrt und muss von Zeit zu Zeit wieder mit Material versorgt werden. Trotz dieser Folgekosten haben sich Sandvorspülungen bewährt. Sie sind ein modernes, unverzichtbares Instrument des Inselschutzes geworden. Im Gegensatz zum passiven Küstenschutz, der mit dem Bau von Schutzwerken unmittelbar an der Schadensstelle die Angriffe der See abfängt, zählen Sandvorspülungen sowie Lahnungen zu den Maßnahmen des aktiven Küstenschutzes. Sie stellen eine Art Vorwärts-Verteidigung dar, weil sie den Angriffen der See bereits im Vorfeld der gefährdeten Küstenstrecke begegnen.

Am Ende der Spülleitung tritt das Sand-Wasser-Gemisch aus. Der Sand bleibt liegen und wird von Planierraupen am Sylter Strand verteilt. Das Wasser fließt wieder zurück ins Meer. Foto: Amt für ländliche Räume Husum.

DIE HALLIGEN

Die vor der nordfriesischen Küste liegenden unbedeichten, zumeist kleinen Marschinseln werden als Halligen bezeichnet. Sie bilden die Reste der ehemaligen Uthlande, einer einst zusammenhängenden, großen Landfläche. Als Geburtsstunde der Halligen gilt die Zweite Marcellusflut. Sie zerschlug im Januar 1362 die Uthlande und verwandelte sie in ein Inselreich [3].

Die Oberfläche der Halligen liegt nur 50 bis 80 Zentimeter über dem mittleren Tidehochwasser. Von höher auflaufenden Wind- und Sturmfluten wird sie regelmäßig unter Wasser gesetzt, so

dass nur noch die Warften aus den Wassermassen herausragen. Die Halligbewohner sprechen in diesen Fällen von einem Landunter, mit dem auf den Halligen Gröde und Nordstrandischmoor etwa 20- bis 50-mal im Jahr gerechnet werden muss. Ein Landunter, speziell im Sommer, kann zwar die Heuernte vernichten und für das weidende Vieh eine lebensbedrohende Gefahr darstellen, es trägt vielfach gleichzeitig aber auch zum Erhalt der Hallig bei: Die im Meerwasser enthaltenen Sinkstoffe lagern sich als dünne Sedimentschicht auf der Oberfläche der Hallig ab und lassen diese mit jedem Landunter Millimeter um Millimeter aufwachsen – und das Jahr für Jahr. Seit ihrer Entstehung im späten Mittelalter haben sich einzelne Halligen auf diese Weise um bis zu zwei Meter erhöht.

Trotz dieses Aufwuchses sind die Halligen in den vergangenen Jahrhunderten überwiegend von Erosion und Abbruch geprägt worden. Brandung, Strömung, aber auch Eisgang zehrten ständig an ihren ungeschützten Ufern, vor allem an den im Westen liegenden Abschnitten, die der offenen See zugewandt sind. So gingen vom 14. bis zum 19. Jahrhundert über hundert Halligen vollständig verloren, andere verkleinerten sich auf einen Bruchteil ihrer ursprünglichen Größe. Insgesamt verringerte sich ihre Landfläche seit der Burchardiflut im Jahr 1634 bis heute von etwa 10.000 auf 2.200 Hektar [3]. Gegenwärtig gibt es nur noch zehn Halligen.

Die herausragende Bedeutung der Halligen für den Küstenschutz liegt in ihrer Funktion als vorgelagerte, natürliche Wellenbrecher. Bereits weit draußen im Watt entziehen sie bei Sturmtiden den heranrollenden Wogen einen Teil ihrer zerstörerischen Energie und wirken so für die Hauptdeiche auf dem Festland

Landunter auf Nordstrandischmoor 1981. Foto: Amt für ländliche Räume Husum.

als Bollwerk. Erst als sich diese Erkenntnis gegen Ende des 19. Jahrhunderts allmählich durchsetzte, wurden die verbliebenen Halligen nach und nach befestigt. Im Jahre 1896 stellte der Preußische Landtag die seinerzeit ansehnliche Summe von über 1,3 Millionen Mark zur Sicherung der Halligen zur Verfügung. Umgehend wurden die Arbeiten aufgenommen und zunächst die besonders gefährdeten Abbruchkanten befestigt. Das waren die Westufer der Halligen Oland und Gröde. In den Jahren von 1901 bis 1904 erhielt die Westseite der Hallig Nordmarsch, die

heute ein Teil von Langeneß ist, ein Steindeckwerk. Die Ufer der Hallig Hooge bekamen von 1911 bis 1914 ein Deckwerk und in den Jahren ab 1920 folgte schließlich die systematische Sicherung aller übrigen Halligen.

Später wurden die massiven Uferdeckwerke aus Granit oder Basalt durch Buhnen ergänzt, um die Meeresströmung abzuweisen und die Wattoberfläche zu stabilisieren. An den Ostseiten der Halligen, die den Tideangriffen weniger stark ausgesetzt waren, kamen Lahnungen zum Einsatz. Sie unterstützten den natür-

lichen Anwachs und führten zu Landgewinn. Die Landverluste auf den Halligen sind seit dieser umfassenden Sanierung zum Stillstand gekommen [3].

Die schwere Hollandflut vom Januar 1953 gab Veranlassung, die Sicherheit der Halligbewohner zu überprüfen. Dabei stellte sich infolge des gestiegenen Meerwasserspiegels heraus, dass die meisten Warften keine ausreichende Höhe mehr besaßen. Im Zuge von mehrjährigen Sicherungsmaßnahmen wurden sie erhöht und ihre Böschungen abgeflacht, um dem Seegang weniger Angriffsfläche zu bieten. Die Wohnhäuser auf den Warften besitzen heute einen Flucht- und Schutzraum. Er befindet sich im oberen Stockwerk und steht auf vier stabilen Stahlbetonpfählen über dem höchsten zu erwartenden Sturmflutwasserstand. Verluste an Menschenleben, wie sie in der Vergangenheit auf den Halligen immer wieder eintraten, gehören damit wohl endgültig der Vergangenheit an.

DIE HALLIGFLUT

Die Sturmflut vom 3. auf den 4. Februar 1825 erreichte an der gesamten deutschen Nordseeküste extrem hohe, bis dahin nicht gekannte Wasserstände. In Tönning lag der Sturmflutscheitel 3,96 Meter über dem mittleren Tidehochwasser, in Husum 4,00 Meter. Zahlreiche Deiche brachen, Siedlungen wurden überflutet und verwüstet. Besonders hart traf die Sturmflut die Halligen. Von 937 Halligbewohnern ertranken in dieser Nacht 74. Die Viehverluste beliefen sich auf 186 Kühe und 1.475 Schafe. 234 Personen verließen nach der Flut ihre Hallig; ihre Warften waren zerstört, die Häuser unbewohnbar. Staatliche Hilfe gab es nicht. Die Halligbewohner waren allein auf sich gestellt und konnten nur auf Spenden hoffen.

Der folgende Erlebnisbericht von der Hamburger Hallig über die Sturmflut vom Februar 1825 veranschaulicht die Sorgen und Gefahren, denen die Halligbewohner ausgesetzt waren [4]:

„Der Flutkalender zeigte für zwölf Uhr Mitternacht Hochwasser an. Die alte Standuhr hatte aber erst acht geschlagen. Da glaubte mein Vater bereits das Klatschen der Flut am Fuße der Warf zu hören. Er stand daher auf, nahm seine Mütze vom Nagel und ging vor die Tür, um nach dem Wasser zu sehen.

Kaum hatte er aber Umschau gehalten, als er mit bleichem Antlitz wieder hereinkam und mit tiefster Stimme sagte: ‚Es gibt eine hohe Flut. In vier Stunden kann das Wasser noch steigen, jetzt ist es schon am Fuß der Warf.'

Darauf schickte sich mein Vater an, wie er bei Unwetter stets zu tun pflegte, das Feuer zu löschen. Er tat dies, um zur Wassersnot nicht auch noch einer Feuersnot ausgesetzt zu werden. Dann füllten die Männer Säcke mit Sand und legten diese vor die Türen, damit die höher steigende Flut die Türen nicht einschlagen möchte. Gespannt und voller Angst saß man beisammen und beobachtete das ansteigende Wasser.

Die Flut stieg immer höher und höher. Um neun Uhr spritzte die Gischt bereits an die Fenster, noch eine halbe Stunde, da schlugen die Wellen bereits an die Haustür. ‚Mutter, was wird werden', klagte mein Vater, ‚wenn das Wasser so zu steigen anhält, wird es unser Haus mit allem fortspülen? Wir wollen dich mitsamt der Kleinsten auf die große Heumiete betten, die im Osten im Schutze des Hauses steht, die Miete hat sich gut gesetzt und steht fest und sicher, und sie wird länger als die Mauern des Hauses der Flut standhalten'.

So geschah es dann, Mutter in warme Decken, den Säugling in Bettzeug gewickelt, wurden alle auf die Heumiete gebracht. Was für schauerliche Stunden wir dort verbrachten, vermag sich jeder wohl auszudenken. Immer höher steigt die Flut, das Angstgebrüll der Tiere im Stall wird übertönt von dem Gebrüll der wilden Wasserwogen, die unser Haus zu vernichten drohen. Schon ist das Wasser durch die Türspalten ins Haus gedrungen. Da, gegen zehn Uhr, wälzt sich eine wuchtige Sturzwelle heran. Sie schlägt die Westmauer ein und zertrümmert alle Sachen im Pesel und wirft sich mit lautem Gepolter gegen die Scheerwand und die Tür der Vorstube. (Anmerkung: Der Pesel ist die gute Stube in alten Friesenhäusern).

Noch stehen die anderen Mauern und das auf Ständern gebaute Dachgeschoss, aber wie lange wird es dauern, bis auch die anderen Mauern einstürzen? Die einzige Hoffnung setzen alle darauf, dass die Ständer dem Anprall standhalten und das Dachgeschoss stehen bleibt. Mein Vater reißt uns Kinder aus dem Bett und will uns auf den Heuboden tragen. Bevor er ihn aber erreicht, wälzt sich eine zweite Sturzsee heran, schlägt die Südermauer, die Scheerwand und die Bodentreppe weg und wirft alles Hausgerät durcheinander. Mein Vater kommt zu Fall, meine Schwester Anna entgleitet seinen Armen und treibt im Wasser. Aber Sönke Petersen ist hinzu gesprungen und hat die bereits Ohnmächtige gepackt. Dem jungen Matrosen als dem Gewandtesten gelingt es auch zuerst, auf den Boden zu gelangen, er hilft nun auch den anderen hinauf und so sind wir bald oben geborgen. Uns Kindern werden die nassen Kleider ausgezogen und gegen trockene gewechselt, die vorher auf den Boden gebracht waren. Nachdem man Füße und Hände der immer noch ohnmächtigen Anna längere Zeit kräftig gerieben hatte, schlug sie wieder die Augen auf.

Noch hat die Flut ihren Höhepunkt nicht erreicht. Da donnert eine dritte, gleich hinterher eine vierte Sturzsee heran. Das Gebrüll der Tiere verstummt, sie sind alle verendet bis auf ein Pferd, das hoch auf den Hinterbeinen gerichtet, mit den Vorderfüßen auf einer eingestürzten Mauer steht, und bis auf eine Kuh, die durch die Trümmer des Hauses Schutz gefunden hat und so am Leben geblieben war. Obgleich der Dachstuhl krachte und schwankte und Teile des Strohdaches von der Gewalt des Windes fortgerissen waren, hielt er doch noch eben Dank der Heubelastung, mit der er versehen war.

Gegen elf Uhr konnte man wahrnehmen, dass die Flut zum Stehen gekommen war und allmählich wieder zurückging. Um zwei Uhr war das Wasser soweit zurückgetreten, dass die Männer sich vom Boden wagen und das Zerstörungswerk ansehen konnten.

Ein schreckliches Bild bot sich den Augen dar: Alle Mauern des Hauses waren eingeschlagen, alle Hausstandssachen weggeschwemmt, sämtliche Schafe ertrunken, desgleichen alle Kühe bis auf eine. Drei Pferde waren umgekommen; doch wir Menschen hatten das Leben behalten dürfen. Es hatte uns weniger hart getroffen als die Bewohner anderer Halligen, von denen viele in der Sturmflut dieser fürchterlichen Nacht umkamen.

Vater hatte schon rechtzeitig einige Krüge Wasser und einige Brote auf den Boden gebracht. Das war das einzige, was uns außer der wenigen Milch von der am Leben gebliebenen Kuh an Nahrungsmitteln zur Verfügung stand. Nachdem es Tag geworden, machten sich die Männer daran, das Strohdach notdürftig zu dichten, und wir richteten uns auf dem Dachboden so gut ein als es eben ging. Es war nicht möglich, Feuer anzuzünden, um etwas Wasser zu kochen. Bei Wasser und Brot mussten wir aushalten. Ein großes Glück war es, dass doch die eine Kuh am Leben geblieben war und etwas warme Milch lieferte.

Drei Tage mussten wir auf der Hallig bleiben, bevor der Sturm sich völlig gelegt hatte und wir die gefährliche Reise über das Watt nach dem Festland antreten konnten. Auf halbem Wege kamen Männer vom Festland uns schon entgegen, um uns auf dem mühevollen Weg behilflich zu sein. In Leck fanden wir bei Verwandten und Bekannten zunächst freundliche Aufnahme.

Viel war uns in der Schreckensnacht genommen, doch überall fanden wir willige Geber, die die schweren Verluste, die denen von der Sturmflut zugefügt waren, mittragen helfen wollten. Von diesen eingegangenen Spenden wurde auch meinem Vater eine Summe zum Wiederaufbau seines Hauses und zur Wiederbeschaffung der erforderlichen Hausstandssachen und des nötigen Viehes zur Fortsetzung des Betriebes überwiesen. Ende Mai siedelten wir mit frischem Mut und Gottvertrauen wieder nach der Hallig über."

Der Halligmatrose

Kaptain, ich bitt' euch, lasst mich fort,
O lasset mich frei, sonst lauf' ich von Bord,
Ich muss heim, muss heim nach der Hallig!
Schon sind vergangen drei ganze Jahr,
Dass ich stets zu Schiff, dass ich dort nicht war,
Auf der Hallig, der lieben Hallig.

Nein, Jasper, nein, das sag' ich dir,
Noch diese Reise machst du mit mir,
Dann darfst du geh'n nach der Hallig.
Doch sage mir, Jasper, was willst du dort?
Es ist ein so öder, armseliger Ort,
Die kleine, einsame Hallig.

Ach, mein Kapitän, dort ist's wohl gut,
Und an keinem Ort wird mir so zumut,
So wohl als auf der Hallig;
Und mein Weib weint' um mich manch' traurige Nacht,
Hab' so lang nicht geseh'n, wie mein Kind mir gelacht
Und Haus und Hof auf der Hallig.

Es ist gekommen ein böser Tag,
Ein böser Tag für die Hallig;
Eine Sturmflut war wie nie vorher,
Und das Meer, das wildaufwogende Meer,
Hoch ging es über die Hallig.

Doch sollst du nicht hin, vorbei ist die Not,
Dein Weib ist tot und dein Kind ist tot,
Ertrunken beid' auf der Hallig.
Auch die Schafe und Lämmer sind fortgespült,
Auch dein Haus ist fort, deine Wurt zerwühlt;
Was wolltest du tun auf der Hallig?

Ach Gott, Kapitän, ist das gescheh'n!
Alles soll ich nicht wieder seh'n,
Was lieb mir war auf der Hallig?
Und ihr fragt mich noch, was ich dort will tun?
Will sterben und im Grase ruh'n
Auf der Hallig, der lieben Hallig.

Hermann Allmers
(1821 -1902)

Höhenmarken der Sturmfluten von 1825,
1938 und 1962 im Hafen von Tönning
am Schifferhaus. Foto: H.-J. Rapsch.

SIELE UND SCHÖPFWERKE

Durch den küstenparallelen Bau der Seedeiche, die Schutz vor den von außen angreifenden Sturmfluten bieten, wurden zwangsläufig die in die Nordsee einmündenden Gewässer abgedämmt und somit die Entwässerung des Binnenlandes unterbrochen. Die Deichlinie musste deshalb mit Durchlässen, so genannten Deichsielen versehen werden, damit das überschüssige Binnenwasser, das teilweise aus der höher gelegenen Geest stammte, bei Tideniedrigwasser in die Nordsee abfließen konnte. Gleichzeitig mussten sich die Siele bei Flut und insbesondere bei Sturmfluten zuverlässig und automatisch schließen, damit kein salzhaltiges Meerwasser in das deichgeschützte Gebiet eindringen konnte. Die Geschichte des Deichbaus ist aus diesem Grund von Anfang an mit der Entwicklung der Deichsiele verknüpft, die nördlich der Elbe auch als Deichschleusen oder Schleusen bezeichnet werden.

Die ältesten Sielläufe bestanden aus ausgehöhlten Baumstämmen. Sie wurden quer zur Deichachse unter Geländehöhe verlegt und wirkten als Entwässerungsrohr. Vor ihrem binnenseitigen Einlauf endete der Entwässerungsgraben, das so genannte Binnentief. Es wurde kurz vor dem Deich teichartig zu einem so genannten Mahlbusen aufgeweitet. Dort konnte das aus dem

Blick von der Landseite auf das alte Greetsieler Gewölbesiel. Es wurde 1792 als Ziegelmauerwerk fertig gestellt. Der Neubau des Siels erfolgte überwiegend mit Ziegelsteinen aus dem Abbruch der Cirksena-Burg, dem ehemaligen Stammsitz der Greetsieler Häuptlingsfamilie. Im unteren Teil des Sieleinlaufs ist das geschlossene Ebbetorpaar zu erkennen, mit dem der Binnenwasserstand auf eine für die Landwirtschaft günstige Höhe gehalten werden kann. Foto: H.-J. Rapsch.

Binnenland gleichmäßig zufließende Wasser so lange gespeichert werden, bis es im Verlauf des einsetzenden Ebbstroms durch die Baumröhre in das seeseitig vor dem Deich liegende Außentief abfließen konnte. Am äußeren, seeseitigen Ende der Baumröhre befand sich eine bewegliche Rückschlagklappe. Sie wurde im Verlauf des ansteigenden Außenwassers von dem einsetzenden Flutstrom zwangsläufig gegen den Baumstamm gepresst und verschloss so automatisch die Röhre gegen das Einströmen von Seewasser.

Die geringe Leistungsfähigkeit der ausgehöhlten Baumstämme führte zur Entwicklung von rechteckigen Tunnelsielen, die aus massiven Holzbohlen gezimmert wurden. Als äußere Verschlussorgane dienten bei kleineren Bauwerken weiterhin die oben erwähnten Rückschlagklappen. Bei größeren Gewässern verschließen Stemmtorpaare das Siel, die an den Seitenwänden im äußeren Vorsiel angebracht werden. Auch sie öffnen sich wie Rückschlagklappen selbsttätig mit dem einsetzenden Ebbstrom im Binnentief und verschließen den Siellauf wieder, sobald sich mit dem beginnenden Flutstrom die Fließrichtung des Wassers umkehrt.

Bei den Rungholter Deichschleusen, die im Jahr 1362 in der zweiten Marcellusflut zerstört wurden, handelte es sich bereits um gezimmerte Bauwerke. Die Sielläufe waren über 20 Meter lang und besaßen schon lichte Weiten von 1,30 und 1,47 Meter [7].

Die Lebensdauer der häufig aus schweren Eichenbohlen gefertigten Deichschleusen war begrenzt. Im Bereich der Wasserwechselzone begann das Holz schon nach wenigen Jahrzehnten zu faulen oder wurde von Bohrmuscheln befallen. Mitte des 18. Jahrhunderts verdrängten deshalb Ziegelmauern die hölzernen Konstruktionen. Der rechteckige Sieltunnel, der im Innern des Deiches verläuft, wurde als Gewölbe aufgemauert. Zwar sind die steinernen Siele teurer als die Holzsiele, sie sind aber wegen ihrer deutlich längeren Lebensdauer von 100 Jahren und mehr den Holzsielen wirtschaftlich weit überlegen.

Trotz der technischen Fortschritte im Sielbau blieben die grundsätzlichen Probleme über Jahrhunderte die gleichen: Die Sielentwässerung reichte nicht aus, um die ältere Marsch mit ihren zum Teil sehr tief liegenden Weiden und Mooren, dem so genannten Sietland, ausreichend zu entwässern. Das Grundproblem der Marsch lag in dem fehlenden Gefälle zum Meer, weil der Meeresspiegel seit Jahrhunderten angestiegen war. Außerdem war die jüngere Marsch, die sich unmittelbar hinter dem Hauptdeich erstreckte, höher aufgelandet als die ältere, die tiefer im Binnenland lag. Das überschüssige Niederschlagswasser musste also gegen das natürliche Gefälle zum Deich und von dort in die Nordsee geleitet werden.

Für die künstliche Entwässerung der besonders tief liegenden Flächen wurden zunächst Schöpfräder eingesetzt, die vom Wind angetrieben wurden. Ihre Leistung konnte im 17. Jahrhundert durch den Einsatz der archimedischen Schraube zwar verbessert werden, sie blieb aber stets hinter den wasserwirtschaftlichen Erfordernissen zurück. Eine nachhaltige Verbesserung konnte erst durch den Einsatz von Dieselmotoren und modernen Pumpen erreicht werden. In den Jahren nach 1920 wurden für die Entwässerung des Hadelner Sietlandes die ersten dieselgetriebenen Schöpfwerke geplant und gebaut. Das Medem-Schöpfwerk in Otterndorf besitzt mit einer Förderleistung von 24 Kubikmeter Wasser in jeder Sekunde noch heute die größte Schöpfwerkspumpe der Welt. Wenige Jahre später zählte das Schöpfwerk Moormerland in Oldersum zu den leistungsfähigsten an der Nordseeküste, die Fördermenge der dortigen Pumpen beträgt insgesamt 40 Kubikmeter Wasser pro Sekunde.

In den letzten Jahrzehnten wurden im Zuge der Verbesserung des Küstenschutzes und der Binnenentwässerung nahezu alle älteren Siele durch Neubauten ersetzt und gleichzeitig leistungsfähige, elektrisch betriebene Schöpfwerke errichtet. In der Regel wurden sie in einem Baublock miteinander verbunden oder – bei noch ausreichenden Platzverhältnissen – unmittelbar nebeneinander gesetzt, um das selbe Außentief zu nutzen. Eines der größten und modernsten Siel- und Schöpfwerke wurde im Oktober 1969 an der Knock bei Emden in Betrieb genommen. Es kann bei fehlendem Sielzug mit vier Schöpfwerkspumpen bis zu 50 Kubikmeter Wasser in jeder Sekunde in die Außenems fördern.

Das Sieltor

Aus Stein geformt und schweren Eichenkloben,
steh ich, ein Bollwerk, in den Deich geschoben;
der Binnenwasser Weg, der Außenwasser Wehr,
ein waches Auge zwischen Marsch und Meer.

Was ist der Mensch, der mich erdacht, gemauert?
Schon viel Geschlechter hab' ich überdauert.
Mein Maß ist anders als sein kleiner Tag;
ich mess den großen Wellen-Stundenschlag.

Und doch! Auch dieser Prall an meine Bohlen
ist klein nur, flüchtig - kurzes Atemholen.
Ich ward in Zeit und werd vergeh'n in Zeit -
ein größres Sieltor ragt: die Ewigkeit.

                              Heinrich Diers
                              (1894 - 1980)

DIE FEBRUAR-STURMFLUT 1962

Zum ersten Mal seit der Halligflut von 1825 fiel bei der Februar-Sturmflut 1962 mit 340 Toten wieder eine größere Zahl von Menschen einer Sturmflut zum Opfer. Über 75.000 Personen wurden obdachlos, die Schäden an Sachgütern waren gewaltig. Am härtesten traf die Februar-Sturmflut von 1962 die Hansestadt Hamburg, allein dort verloren 315 Menschen ihr Leben. Die Menschen in der Stadt konnten sich nicht vorstellen, dass sie, 100 Kilometer von der eigentlichen Nordseeküste entfernt, von einer Sturmflut bedroht sein könnten und wurden daher von den Wassermassen völlig überrascht; die Hamburger bezogen die Sturmflutwarnungen nicht auf sich.

Trotz dieser bitteren Verluste verlief die Katastrophe – soweit sie überregional betrachtet wird – weitgehend glimpflich. Weite Landesteile blieben von den Fluten verschont. Die Deiche waren dort in einem wehrhaften Zustand, weil die notwendigen Lehren aus der erst neun Jahre zurückliegenden Hollandflut gezogen und inzwischen umgesetzt worden waren. Andernorts versagten die Hauptdeiche, allein in Niedersachsen brachen sie an 61 Stellen.

Die Hollandflut von 1953 hatte überdeutlich gezeigt, dass der Küstenschutz in Deutschland jahrelang vernachlässigt worden war. Die daraufhin von allen Küstenländern verabschiedeten Bauprogramme waren zwar bestens geeignet, die festgestellten Defizite abzubauen, sie befanden sich aber erst in der Anfangsphase ihrer Umsetzung. Dort, wo höhere und stabilere Deiche bereits fertig gestellt werden konnten, traten keine namhaften Verluste ein. Der weitaus größere Teil der Küste war jedoch auf den Angriff einer schweren Sturmflut noch nicht vorbereitet.

In Hamburg spielten sich in der Nacht vom 16. auf den 17. Februar unzählige menschliche Tragödien ab. Die nachfolgenden Berichte schildern zwei Beispiele stellvertretend für viele [10]:

Ein Bundeswehrsoldat berichtet: *„Es war am 17. Februar morgens gegen 8 Uhr, als wir zu unserem zweiten Einsatz nach Nieder-Georgswerder gerufen wurden. Die ganze Gartenkolonie stand unter Hochwasser. Ein Polizist, drei Gefreite und ich paddelten in einem Schlauchboot, das die Lufthansa bereitgestellt hatte, in die Gärten. Trotz des heftigen Sturms gelang es uns, nach etwa einer Stunde ein Haus zu erreichen. Dort konnten wir ein Ehepaar mit zwei Kindern bergen. Vom Dach des Nebenhauses retteten wir einen jungen Mann. Wir machten kehrt und versuchten, das Ufer zu erreichen. Aber der Wind musste gedreht haben. Wir schafften es nicht und ließen uns treiben. Da ließ ein Stacheldraht unser Schlauchboot leckschlagen. Ein aus dem Wasser ragender Baum war unsere einzige Rettung. Aber nicht alle konnten den Baum erreichen. Wir mussten mit ansehen, wie der Vater und die Mutter der beiden Kinder ertranken. Wir konnten sie nicht mehr halten. Uns fehlten einfach die Kräfte. Wir vermochten nur noch uns selbst an den Baum zu klammern und die beiden Kinder festzuhalten. Nach einer Stunde kam ein Schlauch-*

Deichbruch in
Hamburg 1962.
Quelle [10].

boot – es wurde abgetrieben. Noch eine Stunde verging, als ein zweites Boot kam und uns aufnahm. Ein Polizist und ein Zivilist brachten uns an Land. Ein Hamburger Heim nahm die beiden Kinder auf, wir selbst wurden nach Wandsbeck in das Bundeswehr-Lazarett gefahren."

Über das Schicksal der Bewohner auf der Insel Neßsand liegt der folgende Bericht vor: „Auf der Insel Neßsand, die dem Nordufer der Elbe vorgelagert ist, lebte mit Zustimmung des Bezirksamtes Altona der Inselbewohner J. Er war für die auf der Insel auszuführende Strandbefestigung verantwortlich und bewohnte mit seiner Frau und drei Kindern eine feste Unterkunft auf der Insel.
Am 16.02. fuhr Herr J. mit seiner ältesten Tochter in einem Boot ans Festland, um seine Tochter zur Schule zu bringen und selbst dienstliche Angelegenheiten zu erledigen. Wegen des aufkommenden Sturmes verzögerte sich seine Abfahrt von Blankenese mehr und mehr. Als sich die Wetterlage nicht besserte, versuchte Herr J. aus Sorge um seine Familie die Rückfahrt. Dieser Versuch scheiterte wegen des hohen Wellenganges. Die Gefahr für seine Familie jetzt klar vor Augen, alarmierte Herr J. über den Wasserschutz-Posten Blankenese das bei der Deutschen Werft liegende Feuerlöschboot, das ihm wegen seiner stärkeren Bauweise geeignet schien, den Wellen zu trotzen. Dieses Boot brauchte zur Überfahrt nach Blankenese anstatt der üblichen 10 bis 15 Minuten fast eine Stunde. Die Fahrt nach der Insel Neßsand, die unter normalen Verhältnissen auch nur 10 bis 15 Minuten dauerte, zog sich wegen des mit aller Macht tobenden Sturmes über Stunden hin. Bei der Insel angelangt, es war inzwischen Nacht geworden, sahen Herr J. und die Feuerwehrmänner im Scheinwerferkegel des Schiffes Frau J. und ihre beiden jüngsten Kinder in einem

Beiboot sitzen, das auf den Wellen zwischen den Baumspitzen auf der Insel trieb. Allem Anschein nach war es Frau J. noch gelungen, das Boot am Dach oder einer Baumkrone festzubinden. Die Feuerwehr setzte vom Löschboot aus ein mit drei Männern besetztes Schlauchboot ein, um an die cirka 100 Meter entfernte Frau J. heranzukommen. Erst wenige Meter vom Löschboot entfernt wurde das Schlauchboot von den Wogen erfasst und zum Kentern gebracht. Die Feuerwehrmänner konnten nur mit größter Mühe lebend geborgen werden. Die Notschreie der Ehefrau J., die bis dahin fetzenweise bis zum Feuerlöschboot hin vernehmbar waren, brachen plötzlich ab. Gleichzeitig war das Beiboot der Familie J. aus dem Lichtkegel des Suchscheinwerfers verschwunden. Da es wegen der hochgehenden Wellen nicht möglich war, ohne Gefährdung für Schiff und Leben der Besatzung die Suche aufzunehmen, brach der Schiffsführer mit Einverständnis von Herrn J. die Aktion ab."

Die Sturmflut von 1962 löste in Deutschland einen bis dahin nicht gekannten Impuls auf den technischen Fortschritt im Küstenschutz aus. Mit ungeheurer Kraftanstrengung wurde nicht nur an der Wiederherstellung der Deichsicherheit gearbeitet, sondern gleichzeitig wurde auch eine Inventur des Wissens und der Kenntnisdefizite vorgenommen. Noch im selben Jahr wurden von Arbeitsgruppen aus erfahrenen Küsteningenieuren verbesserte Gestaltungsgrundsätze für Seedeiche entwickelt. Sie wurden höher, mächtiger und ihre Form modifiziert, damit sie die Kräfte der See noch besser abwehren konnten. Durch spätere Untersuchungen und Forschungsprogramme mit physikalischen und mathematischen Modellen wurden die neuen Erkenntnisse bestätigt. Sie haben noch heute grundsätzliche Gültigkeit.

SPERRWERKE

Die weitläufigen Niederungen zu beiden Seiten der norddeutschen Tideflüsse mussten seit jeher durch Flussdeiche vor Sturmfluten geschützt werden. Das verursachte bei den zum Teil langen Flussläufen mit ihren zahlreichen Schleifen und Nebengewässern extrem hohe Kosten. Erschwerend kam hinzu, dass in den Niederungen der Baugrund für Deiche nicht ausreichend tragfähig war. Starke Setzungen waren die Folge und die gefürchteten Grundbrüche, bei denen der instabile Baugrund unter der gewaltigen Deichlast seitlich ausbrach. Durch das häufige Versagen der Flussdeiche verwandelten sich die landwirtschaftlichen Nutzflächen in trostlose Wasserwüsten und führte zu immensen Ernteverlusten.

Nicht selten wurden durch Sturmfluten verursachte Notlagen noch durch Hochwasser aus dem Binnenland dramatisch verschärft. Dieser Kampf an zwei Fronten fand seinen Niederschlag in dem entmutigenden Ausspruch: **„Ersaufen wir nicht im Salzwasser, so ersaufen wir im Süßwasser."** Das Ergebnis dieser Situation war, dass sich zu Beginn des 19. Jahrhunderts neben anderen Gebieten beispielsweise auch die Eider-Niederung in Schleswig-Holstein zu einem landwirtschaftlichen Notstandsgebiet entwickelte [4].

Bereits um 1870 entstand die faszinierende Idee, die gesamte Eider auf der Höhe von Friedrichstadt durch ein Tide-Sperrwerk abzudämmen, um so die gesamte oberhalb liegende Niederung bis Rendsburg vor Sturmfluten zu schützen. Diese Überlegung war wirtschaftlich hoch interessant. In technischer Hinsicht wurde sie kontrovers diskutiert, weil mögliche negative Folgen für den Flusslauf schwer abzuschätzen waren. Erst 50 Jahre später gaben die schweren Sturmflutschäden des Jahres 1926 die

Veranlassung, die ursprüngliche Idee erneut aufzugreifen und sie ernsthaft und sorgfältig auf ihre Verwirklichung zu prüfen. Nach intensiven Voruntersuchungen fiel schließlich die Entscheidung: „Das Eidersperrwerk wird gebaut."

1936 nahm das erste Tide-Sperrwerk an der deutschen Nordseeküste den Betrieb auf. Es lag etwa sechs Kilometer oberhalb von Friedrichstadt bei Nordfeld. Das Sperrwerk bestand aus einer Schifffahrtsschleuse und fünf Sielöffnungen mit jeweils sechs Meter Breite. Als Verschlussorgane dienten Stemmtore, die jede auflaufende Tide kehrten.

Die hohe Wirtschaftlichkeit der Anlage ergab sich aus den eingesparten Baukosten für die nicht mehr erforderliche Verstärkung der Flussdeiche oberhalb der Sperrstelle. Schon bei den Sturmfluten im Herbst 1936 sowie zwei Jahre später, im November 1938, konnte das Eider-Sperrwerk den hohen Erwartungen gerecht werden. Insbesondere stellte es seinen Nutzen bei der schweren Sturmflut von 1962 unter Beweis [4].

Bald jedoch wurde sichtbar, dass das Sperrwerk für das Tideregime des Flusses einen unerwartet schweren Eingriff bedeutete. Innerhalb von drei Jahrzehnten versandete die Tide-Eider massiv, ihr Abflussquerschnitt wurde auf zehn Prozent eingeengt. Dadurch wurde die Entwässerung der oberhalb liegenden Niederung stark beeinträchtigt und konnte nur durch den kostspieligen Betrieb von Schöpfwerken sicher gestellt werden. Selbst der damals noch bedeutende Schiffsverkehr auf der Eider hatte unter den nicht mehr ausreichenden Fahrwasserverhältnissen zu leiden.

Aus diesen negativen Erfahrungen mussten Lehren gezogen werden. Sie mündeten schließlich in der Erkenntnis, dass in das

Das alte Eidersperr-werk bei Nordfeld. Rechts im Bild die Schiffsschleuse, links die fünf Sielläufe. Foto: H.-J. Rapsch.

Regime eines Tideflusses möglichst nicht eingegriffen werden sollte. Daraus folgte: Durchflussöffnungen zukünftiger Sperrwerke müssen großzügig dimensioniert und die Anlage so betrieben werden, dass alle Normaltiden unbeeinflusst ein- und ausschwingen können. Selbst für leichte Sturmfluten sollten Sturmflut-Sperrwerke geöffnet bleiben und grundsätzlich erst bei schweren Sturmfluten geschlossen werden.

Ähnlich wie die Eider-Niederung hatte auch das tief liegende Leda-Jümme-Gebiet in Ostfriesland unter jährlich wiederkehrenden Überschwemmungen zu leiden. Im Herbst drückten Sturmfluten gewaltige Wassermassen über die Tide-Ems in das Land und verwandelten die weiten Wiesen in eine endlose Seenlandschaft.

Um die wirtschaftlich katastrophale Situation im Leda-Jümme-Raum nachhaltig zu verbessern, wurde 1915 der Bau eines Sperrwerks vorgeschlagen. Die Umsetzung dieser Planung ließ dann allerdings länger auf sich warten. Selbst die feste Absicht, 1937 mit dem Vorhaben zu beginnen, konnte nicht eingehalten werden. Der II. Weltkrieg brach aus und setzte andere Prioritäten. Erst nach Gründung der Bundesrepublik Deutschland fiel der Startschuss zum Bau des Leda-Sperrwerks. Nach fünfjähriger Bauzeit ging es im Juli 1954 in Betrieb. Es ist das erste Sturmflut-Sperrwerk auf niedersächsischem Boden und das erste der neuen Generation, bei dem die bitteren Erfahrungen mit dem Tide-Sperrwerk bei Nordfeld berücksichtigt wurden.

Die Landseite des neuen Eider-
Sperrwerks bei auflaufender Tide.
Foto: H.-J. Rapsch.

Das 1968 fertig gestellte Lühe-Sperrwerk. Es besitzt eine Öffnung mit einer Durchflussbreite von zehn Metern.
Foto: H.-J. Rapsch.

Die verheerende Holland-Flut von 1953 und die schwere Sturmflut vom Februar 1962 lösten in den folgenden Jahrzehnten den Bau von zahlreichen weiteren Sturmflut-Sperrwerken aus. Die Vorhaben waren – abgesehen von den stark befahrenen Wasserstraßen Weser und Elbe – hoch wirtschaftlich und gewährleisteten nach relativ kurzen Bauzeiten einen vollständigen Sturmflutschutz. So wurden an der Unterelbe die Einzugsgebiete der Oste, Schwinge, Lühe, Este, Stör, Pinnau und Krückau in den Jahren von 1967 bis 1975 durch mündungsnahe Sturmflut-Sperrwerke abgedämmt. Oberhalb von Hamburg gingen 1965 das Seeve-Sperrwerk und 1974 das Ilmenau-Sperrwerk in Betrieb. An der Unterweser war das Geeste-Sperrwerk zur Februarflut von 1962 bereits einsatzbereit. Die Sperrwerke in den Mündungen der Hunte, Ochtum und Lesum nahmen 1979 gemeinsam ihren Betrieb auf und verkürzten die Hauptdeichlinie im Tidegebiet der Weser um über 100 Kilometer.

Die größten Sturmflut-Sperrwerke an der deutschen Küste sind gegenwärtig das 1973 fertig gestellte neue Eider-Sperrwerk in der Linie Vollerwiek-Hundeknöll sowie das Ems-Sperrwerk bei Gandersum. Das Eider-Sperrwerk hat fünf Öffnungen mit einer Durchflussbreite von jeweils 40 Meter. Damit ist allein eine Öffnung des neuen Sperrwerks breiter als alle fünf Öffnungen des alten Sperrwerks bei Nordfeld zusammen.

Das 2003 in Betrieb genommene Ems-Sperrwerk ist mit einer 60 Meter breiten, nach oben offenen Hauptschifffahrtsöffnung sowie einer 50 Meter breiten Öffnung für Binnenschiffe ausgerüstet. Es besitzt darüber hinaus fünf weitere Durchflussöffnungen. Durch das insgesamt 550 Meter lange Bauwerk wird das Tideregime der Ems kaum beeinflusst. Bemerkenswert an dem für rund 226 Millionen € errichteten Ems-Sperrwerk ist, dass es zwar für die Kehrung der höchsten prognostizierten Sturmflut in der Ems ausgelegt ist, aber in Anbetracht des Werftenstandorts in Papenburg auch in der Lage ist, die Ems um bis zu 1,10 Meter über dem mittleren Tidehochwasser aufzustauen, um tiefgehenden Schiffen eine Passage der Unterems zu ermöglichen.

Meeresstrand

Ans Haff nun fliegt die Möwe
und Dämmrung bricht herein;
über die feuchten Watten
spiegelt der Abendschein.

Graues Geflügel huschet
neben dem Wasser her;
wie Träume liegen die Inseln
im Nebel auf dem Meer.

Ich höre des gärenden Schlammes
geheimnisvollen Ton,
einsames Vogelrufen -
so war es immer schon.

Noch einmal schauert leise
und schweiget dann der Wind;
vernehmlich werden die Stimmen,
die über der Tiefe sind.

Theodor Storm
(1817 – 1888)

DIE JANUARFLUT VON 1976

Der Küstenschutz an der deutschen Nordsee ist gegenwärtig beeindruckend gut. Er war noch nie besser. Gleichwohl darf die von Sturmfluten ausgehende Bedrohung nicht unterschätzt oder verkannt werden. Sturmfluten sind entfesselte, erbarmungslose Naturgewalten. Wer einen derartigen Aufstand der Elemente selbst erlebt hat, ist tief beeindruckt. Eine Urlauberin aus Süddeutschland schreibt über die 1976er Sturmflut [4].

„Neujahr kam ich in Büsum an: Tiefhängende Wolken, Nässe, die Luft etwas milder, aber unruhig, windig, in kleinen Stößen, von fast überall in den vielen engen Straßen um hoch getürmte Steinhäuser herum. Dort bekam ich mein helles, sauberes, sehr weiß getünchtes Zimmerchen.
Dann sah ich ihn zum ersten Mal: Den Deich, sehr hoch, stark! Ganz unten erst das Meer, geduckt, aber zuckend, grau. Wolkenfetzen auch tief darüber. Und kurze Windböen fegten den Seedeich. Gewaltig, dieser Deich! Wozu? Wegen des Gischtes, den ein Sturm aufwirbeln könnte? Denn woher sollte so sehr viel mehr Wasserhöhe plötzlich kommen? Das dachte ich.

Am anderen Tag, ich war die Nacht mehrmals aufgeschreckt vom ungekannt hart am Haus rüttelnden Sturm, da wunderte ich mich nicht mehr. Ich erfasste aber auch alles Geschehen um mich nicht mehr wirklich. Von allen Seiten drängte es gewaltsam auf mich ein: Sturm stieß, Nässe peitschte mich. Und als ich erst von meinem trotz allem unverständliche, fast stoische Ruhe ausstrahlenden Gastgeber mehr hingezogen als selbst getrieben bei Stümpelhuk auf diesem scheinbar gewaltigen Deich stand, da brüllte mich die Urgewalt unmittelbar an: Von allen Seiten hoben sich mir die Wassermassen des Meeres entgegen, schossen die Rasenschräge herauf und schlugen wild auf den Erddeich, böse, maßlos. Und ab und zu züngelte es rüber. Tief unten auf der anderen Seite: Der Ort, die Häuser, die vielen Menschen! Wenn die Elemente tobend von allen Seiten auf die Menschen, auf mich herab brechen und wir alle darinnen versinken – Panik beschlich mich! Rennend, so gut es ging, zur Pension, packen, Taxi gleich bis Heide: Flüchten, fortlaufen, dem Schrecklichen entrinnen! Kann man's? Ich war während der ganzen Rückreise wie in Trance, ich schlief mehrere Nächte schlecht; ich beruhigte mich später.
Aber ich hatte verstanden! Die Nordsee ist schrecklich! Hochachtung wuchs vor den Menschen am Meer.“

AUSBLICK

Der Sturmflutschutz an der deutschen Nordseeküste war noch nie so sicher wie heute. Dennoch gibt es für die Sicherheit der Küste und ihrer Bewohner keine absolute Gewähr vor schweren Sturmflutangriffen in den kommenden Jahrzehnten. Schon der natürliche säkulare Anstieg des Meeresspiegels verlangt immer wieder eine Anpassung und Verstärkung aller Küstenschutzwerke.

Eine große Gefahr droht als Folge des globalen Klimawandels, der in jüngster Zeit an Deutlichkeit zugenommen hat. Zwar lassen sich hierfür in der Deutschen Bucht noch keine unmittelbaren Anzeichen erkennen, eine Zunahme der Häufigkeit und Stärke von Stürmen sowie ein deutlich beschleunigter Anstieg des Meeresspiegels können aber nicht mehr ausgeschlossen werden. Ob und in welchem Umfang diese Befürchtungen wahr werden, vermag heute niemand sicher vorherzusagen. Sicher ist nur, dass die Küstenbewohner auch in Zukunft einen ständigen Kampf wider den Blanken Hans führen müssen.

BENUTZTE LITERATUR

[1] Hinrichs, Boy; Panten, Albert; Riecken, Guntram: Flutkatastrophe 1634 - Natur, Geschichte, Dichtung; Karl Wachholtz Verlag, Neumünster, 1991.

[2] Kramer, Johann: Kein Deich - Kein Land - Kein Leben, Geschichte des Küstenschutzes an der Nordsee; Verlag Gerhard Rautenberg, Leer, 1989.

[3] Banck, Claudia: Mehr wissen über die Halligen, Welten im Widerspruch; Wachholtz Taschenführer, Band 3.

[4] Petersen, Marcus; Rohde, Hans: Sturmflut – Die großen Fluten an den Küsten Schleswig-Holsteins und in der Elbe; Karl Wachholtz Verlag, Neumünster, 1991.

[5] Forschungsstelle für Insel- und Küstenschutz: reisefibel; 3. Auflage, Eigenverlag, Norderney, 1982.

[6] Erchinger, Heie Focken; Stromann, Martin: Sturmfluten, Küsten- und Inselschutz zwischen Ems und Jade; Verlag Soltau-Kurier-Norden, Edition Ostfriesland Magazin, 2004.

[7] Deutscher Verband für Wasserwirtschaft und Kulturbau e.V.: Historischer Küstenschutz; Verlag Konrad Wittwer, Stuttgart, 1992.

[8] Blischke, Heiner: Küstenschutz im III. Oldenburgischen Deichband – Leben an der Küste, Heft 1; Verlag Oskar Berg, Bockhorn, 2001.

[9] Oltmanns, Ulrike; Frick, Hans-Jörg: Küstenschutz im III. Oldenburgischen Deichband – Von der Wurt zum modernen Deich, Heft 2; KomRegis-Verlag, Oldenburg, 2005.

[10] Freie und Hansestadt Hamburg, Schulbehörde: Die große Flut in Hamburg. Eine Chronik der Katastrophe vom Februar 1962.

DIE AUTOREN:

Hanz Dieter Niemeyer (1946)
Geschäftsstellenleiter Forschungsstelle Küste

Studium des Bauingenieurwesens an der Technischen Universität Hannover, 1975 wissenschaftlicher Mitarbeiter am Franzius-Institut für Wasserbau und Küsteningenieurwesen. Seit 1976 Sachgebietsleiter für Hydrometrie und seit 1988 Dezernatsleiter für Küsteningenieurwesen in der Forschungsstelle Küste. Seit 2003 Leiter der Forschungsstelle Küste, die seit 2005 Teil des Niedersächsischen Landesbetriebs für Wasserwirtschaft, Küsten- und Naturschutz ist.

Gastforschungsaufenthalte 1989/90 am Institut für Wasserbau der Polnischen Akademie der Wissenchaften in Danzig und 1994 am Coastal and Hydraulics Laboratory des US Army Corps of Engineers in Vicksburgh. Lehrbeauftragter im Internationalen Studiengang Coastal Geoscience and Engineering an der Universität Kiel. Beratend tätig für den niederländischen Rijkswaterstaat. Verfasser von zahlreichen wissenschaftlichen Veröffentlichungen im nationalen und internationalen Bereich sowie von Gutachten im Küsteningenieurwesen.

DIE AUTOREN:

Klaas-Heinrich Peters (1944)
Baudirektor

Studium des Bauingenieurwesens an der Rheinisch-Westfälischen Technischen Hochschule in Aachen. Nach der Diplom-Hauptprüfung 1970 technischer Verwaltungsbeamter in verschiedenen Bereichen der Wasserwirtschaftsverwaltung des Landes Niedersachsen. Derzeit Betriebsstellenleiter und Leiter des Geschäftsbereichs Planung und Bau im Niedersächsischen Landesbetrieb für Wasserwirtschaft, Küsten- und Naturschutz, Betriebsstelle Brake-Oldenburg. Seit 1982 Lehrbeauftragter im Nebenamt an der Fachhochschule Oldenburg/Ostfriesland/Wilhelmshaven und seit 1992 Prüfer für den Beamtennachwuchs im Prüfungsausschuss „Wasserwesen" der Abteilung Bauingenieurwesen beim Oberprüfungsamt in Frankfurt am Main. Seit 2003 im Beirat des Marschenrates zuständig für Küsteningenieurwesen und Wasserwirtschaft. Verfasser zahlreicher Fachaufsätze und Mitherausgeber mehrerer Fachbücher.

Hans-Jürgen Rapsch (1943)
Ministerialrat

Studium des Bauingenieurwesens (Fachrichtung Wasserwirtschaft) an der Technischen Universität Hannover, Promotion zum Dr. rer. pol. an der Carl von Ossietzky Universität Oldenburg. Seit 1972 Referent im Niedersächsischen Ministerium für Ernährung, Landwirtschaft und Forsten, 1974 stellvertretender Leiter des Wasserwirtschaftsamtes Sulingen, 1976 Leiter des Neubauamtes für die Leineregulierung, seit 1981 wiederum im Nieders. Ministerium für Ernährung, Landwirtschaft und Forsten, zunächst als Referent für die Reinhaltung der Nordsee und ab 1989 im Nieders. Umweltministerium als Referatsleiter für Rüstungsaltlasten und Kampfmittelbeseitigung, ab 1998 für Abwasser sowie ab 2003 für Küstenschutz, Hochwasserschutz, Abwasser und wassergefährdende Stoffe.
Verfasser zahlreicher Veröffentlichungen auf dem Gebiet der Meeresreinhaltung und des Grundwasserschutzes, Autor bzw. Herausgeber mehrerer Fachbücher.